全国中等职业技术学校汽车类专业通用教材

Qiche Meirong yu Zhuangshi

# 汽车美容与装饰

林旭翔　主编

人民交通出版社股份有限公司
China Communications Press  Co.,Ltd.

# 内 容 提 要

本书是全国中等职业技术学校汽车类专业通用教材,依据《中等职业学校专业教学标准(试行)》以及国家和交通行业相关职业标准编写而成。主要内容包括:概述、汽车内外清洗与护理、汽车外表装饰、汽车漆面护理、汽车喷漆快修与特效喷涂、汽车改装,共计6个单元。

本书供中等职业学校汽车类专业教学使用,亦可供汽车维修相关专业人员学习参考。

## 图书在版编目(CIP)数据

汽车美容与装饰/林旭翔主编. —北京:人民交通出版社股份有限公司,2018.7

ISBN 978-7-114-14693-0

Ⅰ. ①汽… Ⅱ. ①林… Ⅲ. ①汽车—车辆保养—中等专业学校—教材 Ⅳ. ①U472

中国版本图书馆 CIP 数据核字(2018)第 096914 号

全国中等职业技术学校汽车类专业通用教材

| | |
|---|---|
| 书 名: | 汽车美容与装饰 |
| 著 作 者: | 林旭翔 |
| 责任编辑: | 闫东坡 |
| 责任校对: | 尹 静 |
| 责任印制: | 张 凯 |
| 出版发行: | 人民交通出版社股份有限公司 |
| 地 址: | (100011)北京市朝阳区安定门外外馆斜街 3 号 |
| 网 址: | http://www.ccpress.com.cn |
| 销售电话: | (010)59757973 |
| 总 经 销: | 人民交通出版社股份有限公司发行部 |
| 经 销: | 各地新华书店 |
| 印 刷: | 北京市密东印刷有限公司 |
| 开 本: | 787×1092 1/16 |
| 印 张: | 10.75 |
| 字 数: | 250 千 |
| 版 次: | 2018 年 7 月 第 1 版 |
| 印 次: | 2018 年 7 月 第 1 次印刷 |
| 书 号: | ISBN 978-7-114-14693-0 |
| 定 价: | 26.00 元 |

(有印刷、装订质量问题的图书由本公司负责调换)

# 前　言

　　为适应社会经济发展和汽车运用与维修专业技能型紧缺人才培养的需要，交通职业教育教学指导委员会汽车(技工)专业指导委员会于2004年陆续组织编写了汽车维修、汽车电工、汽车检测等专业技工教材、高级技工教材及技师教材，受到广大中等职业学校师生的欢迎。

　　随着职业教育教学改革的不断深入，中等职业学校对课程结构、课程内容及教学模式提出了更高的要求。《教育部关于深化职业教育教学改革　全面提高人才培养质量的若干意见》提出："对接最新职业标准、行业标准和岗位规范，紧贴岗位实际工作过程，调整课程结构，更新课程内容，深化多种模式的课程改革"。为此，人民交通出版社股份有限公司根据教育部文件精神，在整合已出版的技工教材、高级技工教材及技师教材的基础上，依据教育部颁布的《中等职业学校汽车运用与维修专业教学标准(试行)》，组织中等职业学校汽车专业教师再版修订了全国中等职业技术学校汽车类专业通用教材。

　　此次再版修订的教材总结了全国技工学校、高级技工学校及技师学院多年来的汽车专业教学经验，将职业岗位所需要的知识、技能和职业素养融入汽车专业教学中，体现了中等职业教育的特色。教材特点如下：

　　1."以服务发展为宗旨，以促进就业为导向"，加强文化基础教育，强化技术技能培养，符合汽车专业实用人才培养的需求。

　　2.教材修订符合中等职业学校学生的认知规律，注重知识的实际应用和对学生职业技能的训练，符合汽车类专业教学与培训的需要。

　　3.教材内容与汽车维修中级工、高级工及技师职业技能鉴定考核相吻合，便于学生毕业后适应岗位技能要求。

　　4.依据最新国家及行业标准，剔除第一版教材中陈旧过时的内容，教材修订量在20%以上，反映目前汽车的新知识、新技术、新工艺。

　　5.教材内容简洁，通俗易懂，图文并茂，易于培养学生的学习兴趣，提高学习效果。

《汽车美容与装饰》是汽车运用与维修专业课之一,是新编第一版教材。教材主要内容包括:概述、汽车内外清洗与护理、汽车外表装饰、汽车漆面护理、汽车喷漆快修与特效喷涂、汽车改装,共计 6 个单元。本书由杭州技师学院林旭翔担任主编。

　　限于编者经历和水平,教材内容难以覆盖全国各地中等职业学校的实际情况,希望各学校在选用和推广本系列教材的同时,注重总结教学经验,及时提出修改意见和建议,以便再版修订时改正。

编　者

2018 年 3 月

# 目 录

CONTENTS

# 单元一
# 概　述

**教学要求**

完成本单元学习后,你应能:

1. 了解汽车美容与装饰的概念与发展史;
2. 知道汽车美容与装饰的主要项目和内容;
3. 知道汽车美容与装饰的依据和原则;
4. 了解安全生产的内容与意义;
5. 知道汽车美容与装饰施工安全操作规程。

建议课时:4 课时。

## 课题 1　汽车美容与装饰概述

### 一、汽车美容与装饰的概念

随着汽车工业的发展,汽车保有量的不断增加,越来越多的汽车进入家庭,人们对汽车的理解,已不仅仅是传统意义上的代步工具,个性化的追求以及对汽车的款式、性能、整洁程度、美学和舒适性等方面也提出了更高的要求。

汽车美容与装饰是随着汽车发展衍生而来的一个行业,是针对汽车进行的美化、护理、装饰等作业的总称,主要包括汽车外表和车内的清洁、车身漆面的美容护理、汽车附属设备的加装及装饰等作业。它不仅能改善在用车的状况,达到"旧车翻新、新车养护"的目的,并可在原车基础上,通过加装或更新车上的设施设备,提高车辆的美观性、舒适性和安全性。

### 二、汽车美容与装饰的发展

随着汽车工业的发展,20 世纪 30 的代初,汽车美容养护在欧美发达国家开始起步。第二次世界大战后,经济的复苏推动了汽车美容养护业的日益壮大。20 世纪 70 年代的世界石油危机过后,这一行业得到迅猛发展,市场范围进一步扩大到中等发达国家。20 世纪 80 年代,美国汽车维修市场开始萎缩,修理厂锐减,而专业汽车美容养护中心却出现了爆炸性的增长。根据欧美国家统计,在一个完全成熟的国际化汽车市场中,汽车的制造以及销售利润在整个汽车业的利润构成中仅占20%,零部件的供应利润占20%,而50%~60%的利润全部是从汽车后市场服务业中产生的。目前,美国汽车美容养护店的数量比例占汽车维修企业数量的80%。

我国汽车美容与装饰行业起步相对较晚,到20世纪90年代初才出现,当时的汽车美容也只不过是洗洗刷刷、涂涂抹抹而已,服务项目、内容、工艺、质量及标准等都很不规范。进入20世纪90年代中期,我国的汽车工业得以快速发展,特别是私家车的保有量不断增多,同时,由于汽车文化的日益深入以及文明程度的不断提高,汽车维修业及相配套的服务性行业也迅速发展,汽车美容与装饰业就是其中较为热门的行业。目前,汽车美容与装饰在我国已被越来越多的人所接受,并成为一种时尚。人们更加呵护自己的汽车,"七分修三分养"的理念已经被抛弃,"七分养三分修"的理念已经被落实到了一种实实在在的消费行为上。与此同时,国外一些知名的汽车美容公司纷纷登场,在全国范围内办起了连锁店,各种品牌的汽车美容用品店也相继出现,并造就了一支汽车美容装饰大军,汽车美容装饰业呈现一片繁荣景象,而且必将成为21世纪的黄金产业。

### 三、汽车美容与装饰的主要项目

汽车美容与装饰的主要项目见表1-1-1。

汽车美容与装饰的主要项目 表1-1-1

| 类　别 | 主　要　内　容 |
| --- | --- |
| 汽车外部清洁护理 | 汽车外部清洁护理包括车身的清洁护理,玻璃、电镀件、轮辋、轮胎、保险杠等的清洁护理。其中,车身的清洁护理包括高压洗车、新车开蜡、沥青焦油等污垢的去除 |
| 汽车内饰清洁护理 | 汽车内饰清洁护理包括车室美容、发动机美容及行李舱清洁等内容。其中,车室美容包括仪表板、顶篷、地毯、脚垫、座椅、座套、车门内饰的吸尘清洁保护,以及蒸气杀菌、空调出风口除臭、室内空气净化等项目。发动机美容包括发动机冲洗清洁、喷上光保护剂、翻新处理等项目 |
| 汽车外表装饰 | 汽车外表装饰包括汽车车窗贴膜、车贴装饰、车身贴膜保护、车身改色贴膜、安装晴雨挡、防撞条、轮眉等项目 |
| 汽车内饰装饰 | 汽车内饰装饰包括座椅套、坐垫、脚垫、遮阳帘、座椅靠背等的安装 |
| 汽车漆面美容与装饰 | 汽车漆面美容与装饰包括漆面护理性美容、修复性美容、特效装饰等内容。其中,车身漆面护理性美容包括研磨、抛光、还原、打蜡、封釉、镀膜等项目;汽车漆面特效装饰包括喷绘和喷涂特效漆等项目 |
| 其他美容装饰项目 | 本书统一将涉及改装、加装汽车附属设备产品的其他美容与装饰项目归为汽车改装,如改装氙气灯、改装多媒体、加装大包围、改装底盘等 |

## 课题2　汽车美容与装饰的依据和原则

### 一、汽车美容与装饰的依据

汽车美容与装饰应根据车型、车况、使用环境及使用条件等因素,有针对性地、合理安排作业的时机及项目,详见表1-2-1。

汽车美容与装饰的依据                                                    表 1-2-1

| 项 目 | 依 据 内 容 |
|---|---|
| 因"车型"而异 | 由于汽车美容装饰的项目、维护要求及使用的用品不同,其价位也不一样。对汽车进行美容装饰不仅要考虑到效果,同时也要考虑费用问题。因此,不同档次的汽车所采取的作业及使用的用品应有所不同,对于高档轿车应主要考虑效果,而对于一般汽车以考虑经济性和实用性为主 |
| 因"车况"而异 | 汽车美容装饰作业应根据汽车的车况有针对性地进行,车主或驾驶人应经常对汽车进行检查,发现异常现象要及时处理 |
| 因"环境"而异 | 汽车行驶的地域和道路不同,对汽车进行美容装饰作业的时机、项目和产品也不同,如汽车经常在污染较重的工业区使用,应缩短汽车清洗周期,经常检查漆面有无污染色素沉积,并采取积极预防措施;如在乡村道路地区使用,由于地面坑洼,则不能加装大包围 |
| 因"季节"而异 | 不同的季节、气温和气候的变化,对汽车表面及内饰部件具有不同的影响。如在夏季,由于高温漆膜易老化;在冬季,由于严寒漆面易冻裂,需要进行必要的预防护理作业。另外,冬、夏两季经常使用空调,车内易出现异味,应定期进行杀菌和除臭作业 |
| 因"车主"而异 | 不同的车主对车辆功能、外观等的要求不同,对汽车进行美容装饰时,应尽可能满足车主需求。如女性车主的车辆装饰时,应选用女性化的产品;新手车主的车辆装饰时,可推介功能实用的产品,如防撞条、倒车影像等 |

## 二、汽车美容与装饰的原则

汽车美容与装饰作业在操作过程中遵循以下几个方面原则,见表 1-2-2,这样对车辆养护与改装更具有科学性和现实意义。

美容与装饰原则                                                      表 1-2-2

| 项 目 | 美 容 与 装 饰 原 则 |
|---|---|
| 预防与治理相结合的原则 | 汽车美容要以预防为主,即在汽车漆膜及其他物品表面出现损伤之前进行必要的维护作业,预防损伤的发生。一旦出现损伤应及时进行治理,恢复原来状态 |
| 车主护理与专业护理相结合的原则 | 汽车美容很多属于经常性的维护作业,如除尘、清洗、擦车和检查等,几乎天天要进行,这些简单的护理作业,只要车主或驾驶人掌握了一定的汽车美容知识,完全可以自己完成。但定期到专业汽车美容场所进行美容也是必不可少的,因为还有很多美容项目是车主无法完成的,尤其是汽车漆面或内饰物品表面出现某些问题时必须进行专业护理 |
| 单项护理与全套护理相结合的原则 | 汽车美容作业的项目和内容很多,在作业中应根据汽车自身状况有针对性地选择项目和内容,进行某些单项护理就能解决问题的不必进行全套护理,这样不仅是为了节省费用,同时对汽车本身也是有利的,如汽车漆膜的厚度变薄,当磨透车漆时,就必须进行重新喷漆,这就得不偿失了。当然在需要时对汽车进行全面护理也是必要的,关键是要根据不同情况具体对待 |
| 局部护理与全车护理相结合的原则 | 汽车漆膜局部出现损伤时,只要对局部进行处理即可。只有在全车漆膜绝大部分出现损伤时,才能进行全车喷漆处理。在实际工作中应根据需要决定护理的面积,只需局部护理的,不要扩大到整块板,只需整块板处理的,不要扩大到全车 |
| 依法改装的原则 | 改装必须在法律许可范围内,而合法的改装,也应当注重安全、不扰民。并且,"机动车所有人应当于变更后 30 日内向车管所申请变更登记 |

# 课题3 汽车美容与装饰安全知识

## 一、安全生产的内容与意义

**1. 安全生产的基本概念**

安全生产,是指在生产过程中的人身和设备安全。具体地说就是在符合安全要求的物质条件和工作秩序下进行劳动,避免出现伤亡事故、设备事故及各种灾害,保证工作人员的人身健康与施工安全,使企业的正常生产得到保障。安全生产就是要同时兼顾安全与生产,安全对生产有促进作用,而生产时则必须保证安全。

**2. 安全生产管理的基本内容**

安全生产管理是指企业所进行的计划、组织、协调、控制、监督和激励等管理活动,目的是保证安全生产得以实现,其实也就是为了实现安全生产而进行的工作。

安全生产管理的内容包括安全生产管理机构、安全生产管理人员、安全生产责任制、安全生产管理规章制度、安全生产策划、安全生产培训、安全生产档案等。

**3. 安全生产的意义**

搞好安全生产工作可增强社会的安定,有利于社会财富的增加,减少经济损失;直接关系到生产员工的生命安全、身心健康以及家庭的幸福和谐。

**4. 安全生产管理目标**

(1)安全生产包括生产安全事故控制指标(事故负伤率及各类安全生产事故发生率)、安全生产隐患治理目标、安全生产、文明施工管理目标。

(2)生产目标为减少和控制危害、减少和控制事故,尽量避免生产过程中由于事故造成的人身伤害、财产损失、环境污染以及其他损失。

(3)生产管理包括安全生产的法制管理、行政管理、监督检查、工艺技术管理、设备设施管理、作业环境和条件管理等。

(4)基本管理对象是企业的员工,涉及企业中的所有人员、设备设施、物料、环境、财务、信息等各方面。

## 二、汽车美容与装饰施工安全操作规程

**1. 清洗与护理作业安全操作规程**

很多汽车美容装饰使用的材料都具有易燃和有毒的性质,这些材料不仅会对人体的健康产生危害,还会对施工安全造成危害。所以,施工作业人员要加强安全保护意识,防止出现中毒、火灾、爆炸等事故。

护理中所用的大多数清洗剂都会有一些毒性,也会对物体产生腐蚀,施工现场有水、电、汽等,或多或少都存在一些危险。为了保证施工的安全及人体的健康和设备的完好,施工人员必须严格遵守以下几点。

(1)施工人员必须从思想上对施工的安全工作给予重视,要具备高度的责任和认真的工作态度。在作业中要牢记安全的重要性,要严格按操作规程进行操作,防止出现意外安全

事故。

（2）施工人员必须对施工现场及周围环境有足够的了解，清楚明确水、电、汽开关及救护器材所处的位置，以保证在出现意外时能反应及时。

（3）施工人员必须清楚了解并熟悉施工安全技术和如何使用清洁剂及相应的急救措施。

（4）应注意用电安全。为避免出现漏电，地线必须接地。使用电器时，切勿用湿手和湿物接触其开关，以避免人体触电。完成施工后，要立刻关闭电源。

（5）若现场施工人员与酸、碱液有直接接触时，应穿上工作服和胶靴，双手要戴上防腐蚀手套，若有必要应戴防毒口罩。

（6）护理作业现场必须干净整洁、井然有序，严禁烟火，以免出现火灾。

（7）护理作业现场应具有消防设备、管路，且保证安全的水源和电源的充足，以保证出现意外时能够采取有效的措施来应对。

（8）护理设备在使用前要进行试运转；使用后应用清水冲净，并按照相关要求维护和妥善保管；发生故障时应及时检查并排除。

（9）对施工中产生的清洗废液严禁随地排放，排放时应符合相关要求。

（10）要安排专人负责施工的安全工作，并定期进行检查，要不断地总结安全施工的经验，以确保施工安全可靠。

**2. 修补涂装作业安全操作规程**

（1）喷涂作业的喷漆室一定要是专用的。

（2）为了消除溶剂挥发的气体和喷散的漆雾，喷漆室的供、排风应保证充足以防止积累可燃性的干漆残留物或溶剂挥发气体。

（3）为防止呼吸区和工作区域以外的大气内进入任何挥发气体或漆雾，漆室的供、排风系统应进行特殊设计。

（4）严禁在同一干式排风喷漆室中，既喷涂硝基漆又喷涂油质的合成树脂漆。硝基漆渣极易燃烧，而油质合成树脂漆渣具有自燃发热性，所以很容易发生火灾。故若需同时喷涂两类漆，应使用水洗式排风系统。

（5）使用或接触漆料时，所有人应穿着连身工作服并戴手套。

（6）为防止出现意外，应使用木屑、砂或土快速将任何溅落、漏出的油脂、漆料或其他物质除去。

（7）千万不能让油、漆等溅出物进入排水孔或下水道。

（8）作业人员使用异氰酸固化的聚氨酯涂料进行喷涂时，应戴供气面罩（全面或半面式，以提供经过滤适于呼吸和压缩空气）。这种涂料对呼吸系统有刺激性和特殊的伤害性，因其含有极少量的活性异氰酸且具有挥发性，可使呼吸器官有过敏反应。因此，含异氰酸产品的喷涂工作严禁有气喘病病史者进行。

（9）作业人员可戴有特殊成分滤清器的口罩来进行一般的修补涂料的喷涂。但要定期更换滤清器，同时也要定期用消毒液清洗面罩。

（10）喷涂作业要严格按操作规程进行，当喷漆室的供、排风出现异常或无排风时，严禁进行喷涂作业。

（11）要戴上保护目镜来搅拌涂料和用溶剂清洗喷涂工具，以避免喷涂和溶剂喷溅到眼睛中。

**3. 设备安全操作规程**

1）举升机安全操作规程

（1）举升的车辆要在该举升机的额定举升重力之下。

（2）举升过程中车下和车内不能有人。

（3）未经允许时非使用人员切勿操作举升机。

（4）当举升机长期停用或使用下班后，要切断控制盒电源。

（5）举升车辆时，应先在被拖汽车的合适位置放置托臂，再分别转动四只橡胶托盘，使四只托盘与车身位置距离相等，然后再按上升按钮，当车与地面大约有10cm的距离时，应检查托盘位置，并摇晃一下车身，以查看其安全性，确保安全后，才能继续进行升举。

（6）上升后，其安全保险锁的手柄方向一定要朝上。

2）空气压缩机（以下简称"空压机"）安全使用操作规程

（1）应在安全阀限定压力和规定排气量的条件下使用设备。

（2）空压机使用现场的环境和通风情况必须良好，当空气中有过高的尘量或在有腐蚀性和易燃性气体时，应严禁使用。

（3）空压机出现断油时严禁运行，使用者应经常查看机油的油位，且要定期对机油进行更换。

（4）当每天的工作结束后，必须旋开储气罐放污阀将污水排出，在第二日空压机启动前再将放污阀合上。

（5）空压机在运转的过程中，若遇到停电或临时停机，要重新启动时，开机前应先将储气罐中的压缩空气排放完。

3）电动、气动工具安全操作规程

（1）操作人员应熟悉所使用的工具，使用前应检查各零部件是否安装牢固，各紧固件连接是否牢靠，电缆及插头有无损坏，开关是否灵活及观察内部有无杂物。

（2）使用前应该检查所用电压是否符合规定，电源应尽量使用220V，如电源电压为380V时应检查搭铁是否良好，并注意地线标记。

（3）使用电动工具操作时，应检查是否搭铁，电线要有胶管保护。

（4）经检查后可接通电源空运转，检查声音是否正常。

（5）使用中如发现有大火花、异响、过热、冒烟或转数不足等现象，应停止使用，修复后再继续使用。

（6）各电器元件应保持清洁，接触良好，轴承及变速器内的润滑油每半年更换一次。

（7）工具不用时应存放在干燥处，以防受潮与锈蚀。

（8）使用风动工具时必须防止由于连接不牢而造成空气损失和人身事故。

（9）工具在转动中不得随处放置，需要放置时应关机，停稳后再放下。

（10）使用砂轮机时，开机后砂轮应轻轻接触工件。

4）轮胎平衡机安全操作规程

（1）要严格遵守使用要求进行操作，应小心挂放车轮，避免中心轴出现变形，保证机器正常工作，从而让使用寿命得以延长。

（2）应选择与轮胎中心孔相配的定位中心锥来进行平衡。

（3）为避免有松动现象出现，轮胎装夹必须牢固可靠，必须在盖上护罩后再起动。

（4）进行平衡时应检查和输入所测轮胎的轮辋直径、轮辋宽度及测量头至轮胎内侧的距离。

（5）完成作业后应将电源关闭，并及时对现场进行清理，保持设备和环境的干净卫生。

5）制冷剂回收充注设备安全操作规程

（1）未经特别认证的工作罐不能使用，不能把制冷剂收到非重注制冷剂罐中。

（2）要仔细小心地移动设备，在有压力条件下，所有软管都可能带有液态制冷剂。皮肤接触制冷剂就会引起冻伤，所以在拆下软管时必须格外注意。

（3）由于操作板内有高压电，为防止产生电击的危险，一定要在切断电源后再维修设备。

（4）为了减少出现火灾的危险，尽量不要使用过长的电源线。如需使用长导线，导线截面积应不小于 $2.1mm^2$。本设备在使用时，周围环境中不能有溢出的汽油、敞开的汽油桶或其他可燃物，要在能保证机械通风处至少每小时换气 4 次的情况下使用本设备，或在高出地面 18in（1in 约为 2.54cm）处放置设备。只有在仔细检查并确认所有的安全装置都良好，才能使用设备。

（5）操作必须由专业人员进行，操作者必须对空调系统有足够的了解，并清楚制冷剂和有压力部件的危险性。

（6）当温度超过 49℃时，两次工作间隔 10min。

（7）严禁混合使用不同的制冷剂。

# 单元二
# 汽车内外清洗与护理

## 课题1 汽车清洗与内外饰件清洁护理简介

对汽车进行外部清洗和内外饰件的清洁护理不仅可以使汽车光彩亮丽、焕然一新,而且可以维护汽车漆面和内外饰件,延长汽车的使用寿命,因此,车身清洁护理规范操作,获得广大车友的积极响应。但是目前的汽车美容市场,由于不规范的清洗服务,给汽车带来的隐患很多,导致的纠纷也不少,比如对汽车的仪器、仪表盘外表清洁、养护、装饰及车身清洗时,对技术的要求就很高,如果方法或材料使用不当,就可能留下后遗症。因此,在对汽车进行清洁护理前必须根据车身漆面和内外饰件的材料,选择合适的清洁护理用品进行相应的清洁护理,以达到所期望的效果。

### 一、汽车清洗的作用

车辆清洗不仅是为了使汽车光亮如新,更是为了对汽车进行维护,而车辆清洗是车身漆面维护的基础。

(1)保持汽车外观整洁。

(2)清除大气污染的侵害。

（3）清除车身表面顽渍。

## 二、汽车清洗的种类

在专业的汽车美容店，根据洗车的不同情况汽车清洗可以分为以下几类。

（1）脱蜡清洗：脱蜡清洗是一种除掉漆膜表面原有车蜡的清洗作业。

（2）不脱蜡清洗：不脱蜡清洗主要是采用清水和不脱蜡清洗剂，进行人工或机械清洗。

（3）开蜡清洗：在出厂前为了保护汽车在运输和保管过程中不受剐蹭腐蚀，会在汽车表面封上一层封漆蜡，去除封漆蜡的清洗称为开蜡清洗。

（4）顽渍清洗：去除顽固污渍，如血迹或染色剂等。

## 三、汽车内外饰件的分类

汽车外饰件主要由塑料、不锈钢、玻璃、橡胶等材料制成。汽车外饰清洁护理的部位主要有：风窗玻璃、车窗玻璃、后视镜、车灯、轮毂、轮罩、保险杠与饰板等，这些外饰件长期风吹日晒，酸碱腐蚀，极易出现氧化、龟裂、老化等损坏，所以必须经常对汽车外饰件进行清洁护理。

汽车内饰件主要由塑料、皮革、纤维等材料制成。汽车内饰清洁护理的部位主要有：顶篷、仪表板等塑料件、座椅、门饰板、安全带、地毯和脚垫、空调通风口等。这些饰件在汽车使用过程中会被污染和腐蚀，主要表现为塑料件和橡胶制品在风吹日晒的情况下因氧化、龟裂而失去光泽；皮革件易出现老化、磨损、褪色；纤维制品易受到尘埃脏物污染及氧化、褪色而影响汽车的舒适和美观，乃至缩短其使用寿命。内饰件的磨损和老化，不但影响汽车的整体美观，还会给行车安全带来隐患。因此，保持车厢内的整洁，定期对汽车内饰件进行清洁与护理是十分必要的。

## 四、汽车内外饰件的清洁护理的项目

（1）外饰件美容主要包括：

①玻璃的清洗与抛光。

②车灯的清洁与抛光。

③电镀件的清洁与护理。

④轮胎与轮辋的清洁与护理。

（2）内饰件美容主要包括：

①座椅的清洁与护理。

②车内顶篷的清洁与护理。

③仪表盘、转向盘等塑料件的清洁与护理。

④车门内衬的清洁与护理。

⑤安全带的清洗。

⑥地毯和脚垫的清洁与护理。

⑦空调通风口的清洁与护理。

## 五、汽车内外饰件的清洁护理的必要性

现代车辆已越来越注重车身外部及内部的装饰，特别是一些豪华的轿车，装备有结构复

杂和昂贵的仪表、空调、音响、电视（VCD）、各类电控装置，以及丝绒或真皮座椅等，有如家居般的舒适，因此，要创造一个良好的乘坐环境，保持车内的清洁和做好各项美容和护理工作已显得非常重要，车厢内饰部分平时受外界油、尘、泥沙、吸烟、乘客汗渍及空调循环等不良因素的影响，使车厢内空气受染，内饰中的地毯、真皮或丝绒座椅、空调风口、行李舱等处经常接触潮湿的空气和水渍，使丝绒发霉、真皮老化，甚至产生难闻的气味，还会滋生细菌，既影响身心健康又不利于驾驶心境，因此，汽车车室的清洁护理非常重要，一般每三个月应做一次全套室内专业护理。

汽车外饰件长期风吹日晒，酸碱腐蚀，极易出现氧化、龟裂、老化等损坏。对汽车外饰件进行清洁护理主要有两个必要性：一是能确保行车安全并给驾乘人员美的享受；二是可以延长寿命。各个部件都用相应的专用清洗剂、抛光剂及护理剂来处理。

# 课题 2　汽车车身与外饰件清洁护理

## 一、汽车车身与外饰件清洁护理的工具与设备

汽车美容在市场上越来越专业化，同时消费者对汽车美容的要求也越来越高，促使汽车车身和外饰件清洁护理时所选用的工具与设备必须更加专业化，其常用的工具与设备如下。

### 1. 海绵

海绵在洗车作业中用于擦拭车身，具有良好的吸水能力和弹性，有利于保护漆面和提高作业效率。对洗车作业中使用的海绵还应具有一定的韧性、抗拉强度和耐磨性，如图 2-2-1 所示。

### 2. 毛巾

毛巾是洗车中的易耗品，主要用于擦拭车身。为保证清洗效果，在擦拭过程中不应有细小纤维的脱落，因此，在洗车中最好选用无纺布制品，如图 2-2-2 所示。

图 2-2-1　海绵

图 2-2-2　毛巾

### 3. 麂皮

麂皮在洗车作业中使用广泛，主要用于擦干汽车表面。它质地柔软，有利于漆面的保护，还具有良好的吸水能力，尤其是对车身表面及玻璃水膜的清除效果很好。但在洗车作业中宜先用毛巾或浴巾对车表面擦干后，再用麂皮进一步擦干，以延长麂皮的使用寿命，如图 2-2-3 所示。

### 4. 板刷

板刷主要用于轮胎、挡泥板等处附着泥土垢的清除。板刷选用鬃毛板刷最佳，不但具有

较好的韧性和耐磨性,还可以减轻刷洗作业对橡胶、塑料件产生的磨损。不提倡使用塑料纤维板刷,如图2-2-4所示。

图 2-2-3　麂皮

图 2-2-4　板刷

### 5. 冷热水高压清洗机

冷热水高压清洗机主要用于清洗汽车外观、发动机表面以及底盘等部位的灰尘油污,是汽车美容必备工具之一。冷热水高压清洗机系统一般由水泵、加热装置和传动机构等组成,安装在轻便的车上。与之配套的部件有进水软管和出水软管、各种规格的喷枪、刷洗用的毛刷等。这类清洗机具有结构紧凑、清洗效率高、有利于环境保护、清洗质量好和清洗范围广等特点。

冷热水高压清洗机使用自来水作为水源,采用柱塞式水泵获取高压水流。高压水流的压力和流量可根据清洗的要求进行调节,热水的温度也是可以调节的（60～100℃）,如图2-2-5所示。

图 2-2-5　冷热水高压清洗机

### 6. 泡沫清洗机

利用压缩空气在设备内部产生一定的压力,通过设备配置的系统,将设备内调配好的清洗液以泡沫状喷射到需要清洗的汽车车身表面,通过化学反应,起到去尘和去污的作用。该设备采用气动控制、压力稳定,具有流量大、操作简单、使用方便等优点,如图2-2-6所示。

### 7. 空气压缩机

空气压缩机在汽车美容护理方面应用范围很广,主要用于泡沫清洗机、各种气动工具、车身油漆喷涂、发动机和变速器免拆清洗以及轮胎充气等,如图2-2-7所示。

图 2-2-6　泡沫清洗机

图 2-2-7　空气压缩机

### 8. 水枪和气枪

水枪和气枪分别是与高压清洗机和空气压缩机配套使用的重要清洗设备。水枪和气枪承受的工作压力高,使用频繁,因此,比较容易出现泄漏和损坏,如图2-2-8所示。

### 9. 脱水甩干机

利用电动机带动离心泵,靠其离心作用把汽车脚垫、毛巾、海绵等的水分及污物甩干净,如图2-2-9所示。

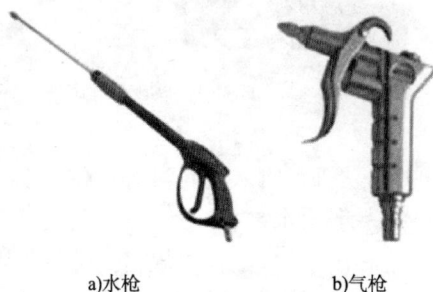

a)水枪　　　　　　b)气枪

图 2-2-8　水枪和气枪

图 2-2-9　脱水甩干机

## 二、汽车车身与外饰件的清洁护理用品

清洗汽车车身和外饰件应使用专用的汽车专用清洗剂,按照规定进行配制。汽车油漆和外饰件材料的耐酸碱承受能力一般pH值为8.0,而生活中常用的洗衣粉和清洁精的pH值为10~12,如果长期使用洗衣粉和清洁精清洗,就会造成车身和外饰件失光、褪色,甚至于漆膜氧化变色。

### 1. 不脱蜡洗车液

不脱蜡洗车液也称汽车香波,应用于不脱蜡洗车。不脱蜡洗车液呈中性,具有很强的分解去污能力,能有效地去除车身漆面的油污和尘垢等污物,具有不破坏蜡膜、不腐蚀漆面、泡沫丰富、使用方便的特点,如图2-2-10所示。

### 2. 洗车水蜡

洗车水蜡又称电脑洗车上蜡香波,内含去污活性因子,能够软化污渍后再去除污渍,对油渍、鸟粪、树胶、泥土、沥青、雨渍、虫粪能迅速去除,同时还添加了润滑因子,防止污渍中的泥沙划伤车漆,洗车更放心,保护车漆光亮,如图2-2-11所示。

### 3. 电脑洗车机用超级泡沫蜡

电脑洗车机用超级泡沫蜡又称高泡沫洗车液,具有强力的清洗功能,产生的泡沫丰富、稳定、细腻,具有极好的清洁效果和润滑作用,可有效延长被清洗设备和部件的寿命,如图2-2-12所示。

### 4. 增光洗车液

增光洗车液又称汽车清洗上光剂,是一种集洗车、上光及保护于一身的浓缩型洗车液,具有抗静电、抗车漆老化、防紫外线、防酸雨等功效,能快速便捷达到去污、上光、打蜡、护漆为一体的目的,如图2-2-13所示。

图2-2-10　不脱蜡洗车液

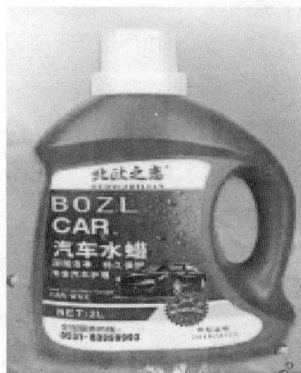

图2-2-11　洗车水蜡

图2-2-12　电脑洗车机用超级泡沫蜡

图2-2-13　增光洗车液

**5. 全能泡沫清洁剂**

全能泡沫清洁剂具有极强的渗透力和去污力,泡沫丰富,去污能力强,用于车内整体或局部的清洁,如座椅、仪表板、转向盘、顶篷、车门饰板等,且具有芳香和安全、无毒等特点,如图2-2-14所示。

**6. 焦油沥青去除剂**

焦油沥青去除剂用于焦油、沥青等有机烃类化合物的清除,具有显著的去污、清洁、上光效果,令清洗物恢复亮泽,光洁如新,而且不伤车漆,如图2-2-15所示。

**7. 粘胶清除剂**

粘胶清除剂含特殊有机溶解剂,可快速渗透粘胶,轻松去胶,去污力强,不腐蚀,不伤表面,环保安全,专门用来清除车体表面的粘胶、不干胶,如图2-2-16所示。

**8. 万能除锈剂**

万能除锈剂渗透力强,可以有效松脱锈死机件,除去金属物品表面锈蚀,此外还有防湿、防锈、清洁等多重功能,如图2-2-17所示。

图 2-2-14 全能泡沫清洁剂　　　图 2-2-15 焦油沥青去除剂　　　图 2-2-16 粘胶清除剂

### 9. 轮毂清洗剂

轮毂清洗剂能清洗轮毂外表上的油渍、氧化色斑,并恢复其光泽,还能防止轮毂及轮胎的腐蚀,如图 2-2-18 所示。

图 2-2-17 万能除锈剂　　　　图 2-2-18 轮毂清洗剂

### 10. 轮胎增黑光亮剂

轮胎增黑光亮剂集清洁、增黑、抗老化护理于一体,具有出色的增光功能,能有效防止轮胎等橡胶件的老化、龟裂、变形及褪色,不伤害轮辋、胎圈、轮胎盖,如图 2-2-19 所示。

### 11. 雨刷精

雨刷精专用于清洁汽车风窗玻璃、后视镜及车门窗等,具有融雪除冰、强力去污功效,能迅速分解各种油膜、虫胶、树粘、鸟粪等污垢,彻底清洁玻璃表面,保持玻璃透明晶亮,如图 2-2-20 所示。

### 12. 塑胶护理上光剂

塑胶护理上光剂使塑胶表面光亮、光滑,不易沾染灰尘,提供持久保护,并对塑胶件起到抗氧化抗老化的作用。适用于汽车保险杠、挡泥板、导流板、塑胶装饰板等,如图 2-2-21 所示。

图 2-2-19　轮胎增黑光亮剂　　　　图 2-2-20　雨刷精　　　　图 2-2-21　塑胶护理上光剂

### 13. 镀铬件翻新剂

镀铬件翻新剂适用于车标、门边亮条、车门内外把手、中网亮条、电镀轮毂等各种电镀、镀铬、铝合金等表面的除锈和抗氧化的保护作用,如图 2-2-22 所示。

### 14. 玻璃清洁防雾剂

玻璃清洁防雾剂用于清除玻璃表面各种污垢,可在玻璃表面形成一层超亲水透明膜,消除因温差或气候变化引起的玻璃表面出现的雾珠现象,具有持久的防雾功能,如图 2-2-23 所示。

### 15. 玻璃抛光剂

玻璃抛光剂适用于所有玻璃及灯罩、塑料件抛光处理,能迅速除去玻璃上的细微划痕,同时在玻璃表面形成一层保护膜,令玻璃光泽明亮,如图 2-2-24 所示。

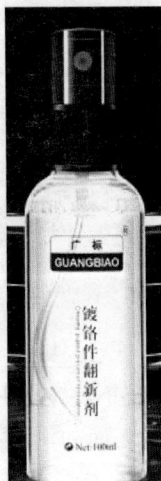

图 2-2-22　镀铬件翻新剂　　　　图 2-2-23　玻璃清洁防雾剂　　　　图 2-2-24　玻璃抛光剂

### 16. 防冰风窗玻璃清洗剂

防冰风窗玻璃清洗剂主要起到除冰的作用，将它喷洒在风窗玻璃上能很快融化冰、雪、霜，能够保证车辆在低温天气正常驾驶，如图2-2-25所示。

## 三、汽车车身的清洁护理方法

### 1. 汽车车身的清洁护理

车身清洗是采用专用设备和清洗剂，对汽车车身及其附属部件进行清洁处理，及时清除汽车表面的尘土、沥青、油污、焦油、酸雨痕迹等污染物，以保持车表清洁，防止车身涂面及其他部件受到腐蚀和损害，使之保持或再现原有车貌的最基本美容工序。洗车是日常最常见的单项收费美容项目，是一切汽车美容项目的基础，是所在美容项目中材料、内容、设备及工艺发展最快的服务项目。用高压清洗机清洗车身的具体步骤如下。

图2-2-25 防冰风窗玻璃清洗剂

（1）着装与准备。

①穿着整洁干净的工作服，不能穿有拉链和明扣的衣服，不允许佩戴手表、手链、金属挂件等，以免刮伤车漆。

②设备、工具及材料准备：高压清洗机、麂皮、海绵、毛巾、手套、毛刷、洗车液等。

③检查车轮挡块和驻车制动器：防止车辆在作业中滑行。

④去除发动机舱杂物及灰尘：用专业吹尘枪去除发动机舱杂物及灰尘。完成后，将车门、车窗、行李舱关好，检查车漆、刮伤等情况，做好记录，告知车主。

⑤喷洒泥沙松动剂：冲水前，喷洒泥沙松动剂，可迅速降低漆面上泥沙颗粒的附着力，避免冲水时对漆面造成伤害。

（2）车身冲洗。

冲洗时距车30～40cm，高压水枪对准漆面角度约为45°，手的动作按90°～120°幅度摆动高压水枪冲洗为标准，如图2-2-26所示。

冲洗的顺序：车顶→前风窗玻璃→发动机舱盖→左侧门玻璃→左轮胎及底部边沿→后风窗玻璃→行李舱盖→尾灯→右侧门玻璃→右轮胎及底部边沿→前保险杠。

冲洗时注意冲洗以下部位：刮水器、保险杠、挡泥板、轮胎、门把手、发动机舱盖及行李舱的缝隙、车轮眉、后视镜和玻璃边隙等位置。

图2-2-26 车身冲洗

（3）喷洒泡沫。用泡沫清洗机将清洗剂与水混合变成泡沫，并在高压下将泡沫喷洒到车身外表，浸润几分钟，依靠泡沫的吸附作用，使清洗液充分地渗透到车身表面的污垢。

（4）车身擦洗。擦拭原则是从上到下、从前到后、由近到远、平行重叠、先难后易、均匀擦拭，防止遗漏，如图2-2-27所示。

（5）清洗车身缝隙及标志。采用专用毛刷重点清洁车身中网、标志、装饰条及其他缝隙处。

（6）清洁轮胎。采用专业的轮胎工具刷洗，注重细节，如图 2-2-28 所示。

图 2-2-27　车身擦洗　　　　　　图 2-2-28　清洁轮胎

（7）冲净车身泡沫。冲洗原则是从上到下、从前到后、由近到远、平行重叠、先难后易，冲净车身及缝隙泡沫。

（8）喷洒蜡水。均匀喷洒蜡水，长期使用可增加车漆亮度，有效保护车漆，降低水的附着力，有较强的驱水作用。

（9）擦净车身上的水。用专用的擦拭毛巾进行擦拭，不会对车漆造成任何伤害。擦拭原则是从前到后、从上到下，专用擦拭毛巾保持绝对干净。

（10）将门边、缝隙、标志吹干。用气枪对门边、缝隙、标志进行吹干，并注意气枪嘴不要接触到漆面。

（11）检查车辆。检查清洗车辆，确认没有遗漏。

**2. 车身清洗的注意事项**

尽管汽车车身清洗作业简单易操作，但必须按规定进行，以最大限度地提高工作效率。在作业时应注意以下几点。

（1）洗车时最好使用软水，尽量避免使用含矿物质较多的硬水。

（2）应使用专用洗车液，严禁使用肥皂或洗洁精。

（3）高压冲洗时，水压不宜太高，一般不高于 7MPa，喷嘴与车身最好保持 15cm 以上的间距较好。

（4）清洗汽车漆面时，不能使用刷子、粗布，以免刮伤漆面留下痕迹。

（5）洗车各工序都应该遵循由上到下的原则。

（6）不要在阳光直射下和发动机舱盖未冷却时洗车，不要在严寒中洗车。

（7）用洗车液洗车后，冲洗一定要干净。

## 四、汽车外饰件的清洁与护理

汽车外饰件长期风吹日晒，酸碱腐蚀，极易出现氧化、龟裂、老化等损坏，所以必须经常对汽车外饰件进行清洁护理。外饰件美容主要包括玻璃的清洗与抛光、车灯的清洁与抛光、

17

电镀件的清洁与护理、轮胎与轮辋的清洁与护理等作业项目。

**1. 玻璃清洗与抛光**

汽车玻璃就像人的眼睛一样,不能有灰尘,应经常保持其干净透亮,这样才能保证行车安全。

1)前风窗玻璃清洗与抛光

前风窗玻璃在行驶过程中,由于静电的作用经常会形成交通膜及各种污迹,同时由于车内与外部环境常有温差,会形成烟雾薄膜,严重影响驾驶人视线,另外,前风窗玻璃也容易失光,导致视线模糊,前风窗玻璃清洁护理是非常必要的,并应有针对性,具体方法如下。

(1)清洁前应先将上面黏附的污迹、昆虫和沥青等顽固污渍,用塑料刮板或橡皮刀除去。

(2)用液体玻璃清洗剂或去污粉和水溶液清洗前风窗玻璃外侧,水洗后如果前风窗玻璃未形成水珠,说明前风窗玻璃已清洗干净。

(3)对存在交通膜或烟雾薄膜的位置,可使用风窗玻璃抛光剂进行抛光处理,方法是将抛光剂涂在欲擦拭的玻璃上,稍等片刻,用干净软布作直线式往复擦拭,直到将玻璃擦亮为止。

(4)对于贴膜玻璃面(内面),也只能用清洁剂处理膜面。否则,不但不能清洁玻璃反而会将膜面刮花,影响采光效果,因此,只能用软布配合玻璃清洁剂,进行仔细处理。

在前风窗玻璃上不要使用含硅酮的风窗玻璃清洁保护剂,因为一涂防水剂水都会被弹掉,刮水器便在极端无水状态下摆动,因而无法顺利滑动,橡胶的寿命也就缩短了,其实刮水器与防水剂是无法共存的。

2)车窗玻璃及后风窗玻璃的清洗与抛光

后风窗玻璃在内侧有防雾除霜电阻丝,所以不能用风窗玻璃抛光剂处理,在清洁时还要小心,不能破坏防雾除霜电阻丝。车窗玻璃和后风窗玻璃外侧的操作步骤可参照前风窗玻璃清洗与抛光。

**2. 车灯的清洁与抛光**

车灯的光照度对行车安全有重要影响,其中灯罩玻璃老化或有不同程度的划痕都是导致光照度下降的原因,但车灯的护理很少有人注意到或者不知如何处理,其实护理方法很简单,用透明塑料件研磨剂对车灯表面进行研磨抛光后,再用透明塑料件抛光剂用同样的方法进行抛光保护即可。其原理与漆面的镜面处理相同。具体操作方法如下。

(1)用玻璃清洗剂将车灯清洗干净,并用吹气枪吹干。

(2)将叠成方形的干净的纯棉毛巾蘸少量透明塑料研磨剂对车灯表面进行研磨,出现光亮后,用毛巾擦干。

(3)用另一块方巾蘸少许透明塑料件抛光剂用同样的方法进行抛光,直至清晰透彻为止。注意:研磨抛光车灯玻璃时力度不可过大。

**3. 电镀件的清洁与护理**

汽车外部有许多部件如保险杠、车标、发动机通风栅格、后视镜架、车身装饰条等均采用电镀件。这些部件长期受到污染就需要进行清洁与护理,具体操作方法如下。

（1）清洁车身金属表面:对车身金属表面进行彻底清洗,然后擦干。

（2）喷涂镀铬抛光剂:轻轻将镀铬抛光剂摇晃均匀,用纯棉软布蘸少许镀铬抛光剂,对需要抛光的部位进行反复擦拭,直至表面重现光泽为止。

（3）冲洗金属表面:用清水冲洗干净金属表面即可。

**4. 轮胎与轮辋的清洁与护理**

轮胎和轮辋要定期进行清洁保护处理,从而有效去除轮胎和轮辋上的顽固污垢及由制动片飞溅出的金属碎屑,令轮辋光亮如新。此外,可以有效防止空气、水和腐蚀性物质对其表面产生的化学作用而引起的氧化锈蚀。具体操作方法如下。

（1）高压清洗:用高压洗车机冲洗轮胎和轮辋外表以及挡泥板内侧的泥沙和尘土,然后用毛巾擦拭,去除黏附的浮土。

（2）喷涂轮胎清洁剂:将轮胎清洁剂摇晃均匀,在距离轮胎15cm处以打圈的方式喷涂在轮胎表面上,停留1~2min后再用毛巾擦拭。

（3）清洁轮辋:将铝合金轮辋清洗剂均匀喷于轮辋表面,等待2~3min后改用柔软的毛刷子或海绵擦拭以免损伤金属表面,注意轮辋的叶片、辐条之间不要有遗漏。

（4）再次冲洗:轮胎和轮辋清洁后,用高压洗车机再次冲洗一遍,将制动片粉末冲干净,最后用压缩空气吹干。

（5）喷涂光亮剂:分别喷涂轮胎保护剂和铝合金光亮剂可使外表焕然一新,并且能保持轮胎的柔软和延缓老化。

（6）检查效果:喷涂光亮剂后不需要清洗也不需要擦干,等待自然风干即可,如果用毛巾擦拭会降低轮胎增黑上光及轮辋光亮效果。

## 课题3　汽车内室与内饰件的清洁护理

### 一、汽车内室与内饰件的清洁护理的工具与设备

**1. 真空吸尘机**

真空吸尘机主要部件有真空泵、集尘袋、软管及各种形状不同的嘴管。机器内部有一个电动抽风机,通电后高速运转,使吸尘器内部形成瞬间真空,内部的气压大大低于外界的气压,在这个气压差的作用下,尘埃和脏东西随着气流进入吸尘器桶体内,再经过集尘袋的过滤,尘垢留在集尘袋,净化的空气则经过电动机重新进入室内,起到冷却电动机、净化空气的作用,如图2-3-1所示。

**2. 蒸汽清洗机**(蒸汽消毒机)

蒸汽清洗机通过高温产生的蒸汽,加快污垢面耐分子的运动速度,通过破坏它们之间的结合力,来达到消除各种顽固污渍的目的,同时将附着在物体上的各种细菌、螨虫、微生物和病原体完全消除掉。附有喷嘴、毛刷等多种功能便捷的配件,无须任何清洁剂的环保理念,快速除污杀菌的高效率,如图2-3-2所示。

**3. 香薰灯**

香薰灯将干净水转为清凉水雾增加室内温度,放出大量"空气负离子",起到吸收室内尼

古丁、室内装修产生的有害气体,加入香料可满室飘香,添加辅助剂可杀菌消毒。汽车美容中使用香薰灯一般是加入香精油,如图 2-3-3 所示。

**4. 臭氧消毒机**

臭氧消毒机的臭氧发生器采用先进的陶瓷放电技术,自动提取分离空气中分子产生的臭氧,可永久循环使用而不需要任何添加剂,有效对汽车室内进行消毒、杀菌、除臭、漂白、去霉、净化等,如图 2-3-4 所示。

图 2-3-1　真空吸尘机　　　　　　图 2-3-2　蒸汽清洗机

图 2-3-3　香薰灯　　　　　　图 2-3-4　臭氧消毒机

## 二、汽车内室与内饰件的清洁护理的护理用品

**1. 多功能去污护理膏**

多功能去污护理膏用于塑料及橡胶制品的清洁与护理,清除污垢的同时能在橡胶制品的表面形成一层保护层,具有翻新效果,如图 2-3-5 所示。

**2. 内饰清洗剂**

内饰清洗剂能有效去除内饰、坐垫、顶篷里的顽固污渍,与此同时还能去除车内残留的烟味和小动物的异味,对纤维织物与皮革本身无任何腐蚀作用,如图 2-3-6 所示。

图 2-3-5　多功能去污护理膏

**3. 丝绒清洗剂**

丝绒清洗剂又称多功能清洁柔顺剂,去污的同时可以在表面形成透明的保护膜,能迅速彻底地去除车内丝绒坐垫、坐套上的污渍,还具有高效杀菌和"复彩增艳"的作用,如图 2-3-7 所示。

**4. 空气清新剂**

空气清新剂又称香水或香水补充液,对人体无害,属于喷雾剂型,伴有自然花香,具有杀菌功能,喷后扩散快,香气保留时间长,如图 2-3-8 所示。

图 2-3-6　内饰清洗剂　　　　图 2-3-7　丝绒清洗剂　　　　图 2-3-8　空气清新剂

**5. 表板蜡**

表板蜡又称表面上光护理剂,是一种采用树脂制成的仪表皮革保护蜡,上光效果显著,去污除尘,有效隔离紫外线,防止塑料制品老化,还具有防静电、防腐蚀等功效,如图 2-3-9所示。

**6. 皮革保护剂**

皮革保护剂能使发硬的皮革制品表面变得柔软光滑,能清洁汽车内部各部件表面的污垢和油渍,并在被处理表面留下自然保护膜,延缓皮革老化,提高皮革表面的光亮度,如图 2-3-10所示。

图 2-3-9　表板蜡　　　　　　　图 2-3-10　皮革保护剂

**7. 真皮清洁增光剂**

真皮清洁增光剂渗透性强,具有防水、防霉、防止龟裂,延缓皮革件老化的功能,同时上光效果显著。适用于皮革座椅、仪表台、转向盘及车门内侧的清洁增光,如图 2-3-11 所示。

**8. 异味清除剂**

异味清除剂是一种微生物技术生产的绿色环保无味净化用品,消除甲醛,同时也可消除烟味、霉味等各种异味,消除异味快速持久,如图 2-3-12 所示。

图 2-3-11 真皮清洁增光剂      图 2-3-12 异味清除剂

### 三、汽车内室与内饰件的清洁护理的护理方法

在对内饰件进行护理前,首先应清除车厢内的灰尘、污物,并用吸尘器对车厢内各部位进行细致的吸尘,然后根据部位、材料以及污染物的情况选用不同的清洁剂、保护剂,用相应的辅助工具进行护理操作。

**1. 室内除尘**

除尘吸尘是车室清洗护理的第一步,汽车内饰最忌受潮,潮气会使内饰发霉、变质并发出难闻的气味,因此,室内除尘应避免采用水洗的方法。

专业的车内清洁步骤如下。

(1)将车内的脚踏垫和杂物取出,抖去尘粒,倒掉烟灰。

(2)对于汽车内的制动踏板等部件,可以用小牙刷或沾有清洗剂的抹布进行刷洗,要特别注意的是离合器踏板、制动踏板、加速踏板部分,要认真清扫,特别要清除上面的油脂类污垢,这对开车时防滑有很大好处。

(3)用真空吸尘机进行细致吸尘,应遵循从高到低的原则,首先进行顶篷的除尘,然后依次是仪表板、座椅、车门内侧及行李舱。地板的吸尘要分两次操作,第一次吸掉沙粒,第二次更换带刷子的吸头,边刷边吸,主要吸掉灰尘,要特别注意地板拐角部位的尘垢,必要时应反复吸除至干净。

**2. 座椅的清洁与护理**

1)绒毛座椅的清洁护理

(1)机器清洗法:将专用丝绒清洁剂装入清洁机中,用清洁小头清洗座椅表面,然后将绒毛上的污物、油脂吸入清洗机中。若绒毛较脏,可反复清洗几次。

(2)手工清洗法:将专用丝绒清洗剂喷到脏污处,片刻后用棉质毛巾压在脏污处,用力挤出溶有油脂和污物的液体。可用小刷子配合清洗。

绒毛座椅的清洁应注意三方面的问题：

①必须除去绒毛表面和渗进内部的沾染物和油垢。

②要保持或恢复绒毛(即纤维材料)本身的柔顺性。

③使用的清洁剂不能影响绒毛材料的颜色(即不褪色)。

为此,必须采用专用的清洁剂进行处理,绝不能用汽油、洗衣粉、洗涤灵或丙酮等代替,更不能使用漂白粉。

2)皮革座椅的清洁护理

汽车上使用的皮革有两种:真皮革与人造革。清洁护理皮革座椅必须使用专门的清洁产品——皮革保护剂,它不但能迅速清洁上光,更能有效去除静电,增强保护功能。对于较脏的皮革表面,可使用丝绒清洗剂,能有效地湿润和分解油污,使下一步清洁工作能顺利进行。

(1)将皮革表面用软布擦干净,除去其上的尘土、水汽。

(2)将专用丝绒清洗剂喷到皮革座椅表面,片刻后用干净毛巾或软刷子仔细擦拭,直至污垢被全部清除。

(3)将皮革上光保护剂均匀地喷在皮革表面上,并用干毛巾反复擦拭,直至光亮如新。

**3. 车内顶篷的清洁与护理**

车内顶篷因其位置特殊,基本不会沾染其他污物,污染大多为吸附的烟雾、粉尘及人体头部的油脂。以下是根据顶篷不同材质进行的清洗与护理。

1)绒毛车内顶篷的清洗

(1)用蒸汽清洗机清洗:用软布将绒毛上的尘土、污物擦净;用绒毛清洁机的小扒头边扒边吸,进一步清洁绒毛;对于大面积的顽渍,可先喷上专用丝绒清洗剂,而后用蒸汽清洗机将高温蒸汽清洗液喷在污渍上,再配合毛刷刷洗,可收到良好的清洁护理效果。

(2)手工清洗:用软布将绒毛上的灰尘、污物擦净;喷上专用丝绒清洗剂,片刻后用洁净的纯棉布将污液吸出;从污迹边缘向中心擦拭,污染严重时可多次重复以上操作;污垢清除干净后,用另一块干净的棉布顺着车顶的绒毛方向抹平,使其恢复原样。

2)皮革车内顶篷的清洗

用干软布将皮革表面擦净,去除其上的尘土、水汽;将专用丝绒清洁剂喷到皮革车顶表面,片刻后用干净毛巾仔细擦拭,直至污垢被清除;如果污染严重,可配合使用小毛刷刷洗并擦干净。皮革车内顶篷也可采用机洗,即将专用丝绒清洗剂装入地毯清洗机中,用小扒头清洗,然后将皮革上光保护剂均匀地喷在皮革表面,并用干毛巾反复擦拭,直至光亮如新。

**4. 仪表盘、转向盘等塑料件的清洁与护理**

仪表盘多为塑胶制品,外表有较多细纹,其上的沾染物多为灰尘,较容易清除。可先用吸尘器除去灰尘,特别是条纹、褶皱、边角处,然后喷上专用丝绒清洗剂进行清洁并擦拭干净,最后将万能泡沫清洗剂喷在塑胶制品上,反复擦拭至光亮如新。

转向盘多为人造革或真皮材料,其上的沾染物多为人体油脂,不易清除。先将专用丝绒清洁剂喷在转向盘皮革上,片刻后用软毛刷刷洗,并用干净毛巾仔细擦拭。若污染严重,可反复进行几次,直至彻底清除干净。最后使用塑胶护理剂进行上光护理。如果转向盘外面包有外套,可将外套拆下,单独进行清洁、上光处理,而后再装上。

**5. 车门内衬的清洁与护理**

车门内衬有绒质和皮质两种,可采用与绒毛座椅、皮革座椅相同的方式进行清洁护理。地毯的清洁首先应进行吸尘处理(注意各个死角),然后使用专用丝绒清洁剂配合吸抽式地毯清洗机进行清洁处理,难以清洁的角落可用手工方式处理。车内脚垫多为塑料和皮革制品,先取出脚垫用高压水冲洗,晾干后再用上光剂进行上光护理。

**6. 安全带的清洗**

拆下脏的安全带,用中性肥皂水或温水擦洗,不可选用染色剂或漂白剂作为清洗剂清洗,否则将降低安全带的强度。清洗安全带时应注意以下几点。

(1)安全带一定要保持清洁,如果安全带不干净,就会影响其效能的发挥。

(2)卷带前,安全带必须完全干透。

(3)不能用化学方法擦洗安全带,因为化学清洗剂会破坏织物,安全带不能与有腐蚀性的液体接触。

**7. 地毯和脚垫的清洁**

地毯和脚垫多为纤维织物制作,对于不可拆卸的地毯,应用电热式喷水/吸尘/吸水多功能清洗机清洁,或用蒸汽机进行消毒处理,最后喷涂保护剂和光亮剂。对于拆卸下的地毯或脚垫,取下后先用敲击法弹掉附着在其上的沙砾、碎屑,然后用空气清洁枪吹落灰尘,如果地毯很脏,去掉灰尘后,用泡沫清洗液或专用地毯清洗液清洗,并且用清水冲洗干净,再将它们折叠起来,放入专用脱水机内脱水后放回车内便可。

**8. 空调通风口的清洁**

栅格式空调通风口的材料多为硬质塑料,汽车在行驶时,大量的灰尘污物会加入空调的进风口,吸附在风道内侧,在高湿的环境下,会滋生大量的细菌,危害人体健康。

对空调通风口清洁时,首先要搞清空调进出风口和进气滤网的位置(有的车型无进气滤网),清洁时,用真空吸尘机对各进出风口吸尘,然后取下进气滤网,拍去灰尘,用湿毛巾擦去进出风口的灰尘和污垢。由于空调通风口有栅格,建议清洁时使用海绵条蘸取塑料清洗剂处理,也可以用小的软毛刷配合进行仔细清洗,后排座椅上的控制面板由于较易沾染指膜、油脂和汗渍,应采用塑料清洗剂进行清洁,喷涂后用毛巾轻轻擦拭,但切勿用力过大,以免损坏电控开关和刮花面板上的饰件。

**9. 汽车内饰清洁时的注意事项**

(1)使用适当的清洁剂。清洁汽车不同材质的内饰部件时,最好使用专用于该物件或最相称的清洁剂。如用化纤织物清洁剂清洗丝绒纤维制成的座椅套、地毯等。

(2)不能随意混合或加温使用内饰清洁用品。不同的内饰清洁用品混合后,可能产生有害物质,而某些化学成分混合后,可能会释放有毒气体。将清洁剂加温,如放入蒸汽清洗机内使用,也会产生有害气体。

(3)使用不熟悉的产品应先测试。对于首次使用的清洁剂,应先在待清洗部件的不显眼处进行测试。以防褪色或有其他损害。

(4)正确保存清洁用品。注意正确地保存清洁剂,这样既保证产品充分发挥效能,更有助于防止产品过早变质。

## 课题4　汽车发动机舱和行李舱的清洗

发动机舱内最大的污染源来自灰尘、泥土等。发动机舱下方因其通风冷却要求,并未完全封闭,而是与外界相通,故在行驶中遇雨水而溅到发动机或发动机舱内其他部件上的泥土或灰尘散落到整个发动机舱。

### 一、发动机舱的清洁护理

**1. 发动机外部清洗剂**

(1)水质去油剂。该类产品具有安全、无害、成本适中等优点,但去油功能有限。

(2)石化溶剂型去油剂。该产品具有去油能力强、成本低等优点,但易燃、有害。

(3)天然溶剂型去油剂。该产品不仅去油功能强,且无害,但成本较高。

**2. 发动机外部清洗常用的设备、工具和材料**

发动机舱清洁的工作量虽然大,但项目较少,不需要进行复杂的拆装,故所用的设备、工具和材料也较为简单,主要有空气压缩机、高压洗车机、毛巾、海绵和毛刷、发动机外部清洗剂、蓄电池清洗剂、电池接线桩头保护剂、橡胶清洁剂和保护剂、清洁除锈剂等。

**3. 发动机外部的清洁护理方法**

在清洗发动机外部时,应先将发动机熄火,使所有电器不工作,并使发动机舱温度下降,千万不可在高温下清洗。清洁方法和步骤如下。

(1)外表擦拭,除去大油渍。如果发动机表面有严重的油污、沥青或漏油现象时,可用超能开蜡剂喷涂于油污、沥青处,停留3~5min后,再用细小的刷子或干净的软布擦拭干净。

(2)用高压自来水清洗。在用自来水冲洗发动机时,应先用塑料袋将发动机上的电气设备(如发电机、分电器、高压线圈、熔断丝等)用塑料袋包裹起来,以防清洗时这些电气部件进水,造成损坏。另外,如果发动机空气滤清器通风口是朝外的,也必须用塑料袋包上或用毛巾堵住,以防进水,包裹稳定后,使用0.2~0.3MPa压力的自来水冲洗发动机外部及发动机舱处的灰尘、泥土和污渍(清洗过程中,发动机机体温度应低于50℃)。

(3)发动机外部用清洗剂清洗时,喷涂前先摇晃发动机外部清洗剂,并将其均匀地喷洒于发动机外部,15min后用清水冲洗。遇有顽渍,可配合使用小毛刷刷洗。

(4)清除锈渍。先完成发动机表面的清洁护理程序后,将锈斑去除剂喷涂在锈渍处,约等10min,配合使用小毛刷或软布将锈渍轻轻除去,并用清水冲洗。然后用高压气体吹干发动机上的所有零件、轴承孔、铰链活动处及狭窄缝隙处的水分。

(5)给发动机外部上光。使用多功能发动机外部防护剂喷涂发动机外表面。

### 二、行李舱的清洁护理

行李舱与车身内部极为相似,内饰多为绒布,清洁方法也基本相同。

清洗时,先取出行李舱内的备用胎、随车工具以及杂物和底板防护垫,拍去灰尘,用吸尘机吸去内部的灰尘、沙泥和污垢,然后用电热式喷水/吸尘/吸水多功能清洗机进行清洁。如果没有上述三合一清洗机时,可用湿毛巾进行擦拭,主要是去除灰尘,对于局部脏污严重的部位,则用化纤织物清洗剂进行清洁。清洁后,对丝绒内饰可再喷涂一层丝绒保护剂或丝绒光亮剂。对行李舱的密封条,可先用水洗清洁,然后用毛巾吸干水分,再上车蜡或橡胶保护剂,对整个行李舱喷洒消毒清新剂,复装备用胎、随车工具和杂物。

## 课题5 汽车内部异味来源、危害及处理方法

### 一、汽车内部异味的来源

装饰材料、外界污染物、自身污染物排放这三方面大致为车内异味的主要来源,见表2-5-1。

**车内异味的主要来源**　　　　　　　　　　　　表2-5-1

| 污 染 源 | 基 本 内 容 |
|---|---|
| 装饰材料 | 汽车内部使用的塑料、橡胶部件、织物、保温材料、黏合剂等材料中含有的有机溶剂、助剂、添加剂等挥发性成分都属于有害物质,均可由汽车零部件和车内装饰材料释放。苯、甲苯、甲醛、碳氢化合物等为主要的污染物 |
| 外界污染物 | 外界的污染物包括自然界中的一些污染物进入车内导致车内异味的产生,还包括车内乘员在车辆使用过程中将食品、饮料及其他一些物品带到车内,烟味、汗味等都会导致车内产生异味,比如:发霉的脚垫、座椅、衣物、烟灰缸的焦油味、驾驶人的体味和所带饮食的气味、乘车人的体味、吸烟和携带物品的气味等 |
| 自身污染物排放 | 汽车自身排放的污染物会有少量通过排气管、曲轴箱、燃油蒸发等途径进入车内,产生车内异味,汽车空调长期使用后风道内积累的污物在每次使用空调时将随风进入车内,导致车内异味产生 |

### 二、车内污染物种类

汽车车内受到污染的原因有很多,其污染物大体上可分为三类:物理污染、化学污染和生物污染,见表2-5-2。

**车内污染物种类**　　　　　　　　　　　　表2-5-2

| 污染的种类 | 基 本 内 容 |
|---|---|
| 物理污染 | 由光照、电磁辐射、振动、噪声、温度和湿度等物理因素引起的 |
| 化学污染 | 主要包括碳氢化合物、有机卤化物、有机硫化物、有机酸和有机过氧化物等有机挥发物,其中游离甲醛、苯、甲苯、二甲苯、TDI(甲苯二异氰酸酯)、胺、烟气烟碱等对人的危害最大 |
| 生物污染 | 主要是微生物,包括各种致病病菌 |

### 三、汽车内部异味的危害

车内装饰材料释放出来的有害气体、人体代谢产生的有害物、车外环境的影响等产生的车内异味,都会使乘员暴露在高浓度有害物质的车内环境中,而有些物质可能致癌,有些可能会对神经系统、免疫系统、生殖系统等产生影响,有些还会影响内分泌系统,儿童、老人、各种免疫力系统有缺陷的人群更容易受到伤害。

## 四、车辆内部异味消毒处理方法

为了消除车内异味,保证身体的健康,还驾驶人和乘员一个清新的车内环境,对汽车室内进行杀菌消毒也是一个重要的方法,是一种"治根"方法。主要有以下几种处理方法,见表2-5-3。

车辆内部异味消毒处理方法　　　　　　　　　　　　　　　　表2-5-3

| 消毒方法 | 操作过程 | 优缺点 |
|---|---|---|
| 蒸汽消毒 | (1)在蒸汽消毒机内加入水、清洁剂和芳香剂;<br>(2)接通电源并加热到130℃,用喷出的高温蒸汽对汽车内的真皮座椅、车内内饰、仪表板、通风口、地毯等进行消毒,还可以采用清洁机、蒸汽机、多功能消毒机(臭氧、紫外线、红外线、负离子)等设备进行同时作业处理 | (1)优点:无毒无害;<br>(2)缺点:由于在高温条件下水分蒸发成水蒸气,容易引起车内零件锈蚀、零部件失灵,对于电器部分,容易产生电解导电引发事故危害,还会加速车内饰物等的老化和氧化 |
| 臭氧消毒 | (1)把臭氧消毒器插头正确插入汽车点烟器插座内,电源指示灯亮后按下启动键即可;<br>(2)一般运行一段时间以后会自动停止工作;<br>(3)使用完毕后,及时拔掉电源 | (1)优点:杀菌范围广,速度较快,无残留,对环境无污染;<br>(2)缺点:臭氧的状态很不稳定,极易出现分解 |
| 光触媒消毒 | 施工操作前,先用遮盖胶布或旧报纸遮好不需要施工的部位。<br>(1)喷洒光触媒药剂,喷涂距离一般为30～40cm,以水平垂直方式从左到右进行,不能斜角度或者倒立喷向施工表面;<br>(2)上下喷涂间距为5～6cm;<br>(3)以1m/s的速度进行均匀的纵横向喷涂,若误喷应尽快用湿毛巾擦拭干净;<br>(4)喷涂完毕后,清理施工现场,等待半个小时,打开车门,保持空气畅通及充足的光线照射 | (1)优点:杀菌效率高、净化效率高、除臭效率高、亲水防雾功能强、暗处的抗菌净化性能好、无毒无害、功效持久;<br>(2)缺点:价格昂贵 |

# 单元三
## 汽车外表装饰

**教学要求**

完成本单元学习后,你应能:

1. 掌握汽车各类贴膜工具、设备的使用方法;
2. 知道汽车玻璃膜的鉴别及选用方法;
3. 知道汽车车窗玻璃膜和各类车身膜的种类与作用;
4. 掌握汽车玻璃膜、车身膜、车粘等的粘贴方法、工艺流程及注意事项;
5. 了解汽车轮眉、防撞条、晴雨挡的作用及种类;
6. 掌握汽车轮眉、防撞条、晴雨挡的安装方法及注意事项。

建议课时:20 课时。

## 课题1 汽车车窗贴膜

根据汽车美容与装饰项目要求,专业的技术人员利用贴膜专用工具,完成对全车车窗覆膜的操作过程,以达到保护车窗的目的,这一过程称为车窗贴膜。

### 一、车窗贴膜的分类

目前市场上的车窗贴膜可分为以下三类。

**1. 染色膜**

染色膜一般称为普通膜,这种膜像是玻璃纸,没有隔热效果,而且视线非常差,时间稍长就会慢慢褪色。

**2. 半反光膜**

半反光膜就是一般汽车销售公司赠送用户的那种赠品,隔热率在 40% ~ 50% ,使用一两年后,表面会因氧化而变质。

**3. 隔热防爆膜**

隔热防爆膜是真正具有隔热防爆功能的膜,万一发生碰撞玻璃破碎时,可以防止破碎的玻璃飞散而伤及驾驶人和乘客,安全性高。隔热防爆膜还具有隔热效果,防紫外线穿透,可保护驾驶人和乘客免受紫外线伤害。

目前贴膜常用的是隔热防爆膜,它的工艺结构由耐磨外层、安全基层、隔热层、防紫外线层、和感压式粘胶层、"易施工"胶膜层、透明基材等组成,其结构如图 3-1-1 所示。

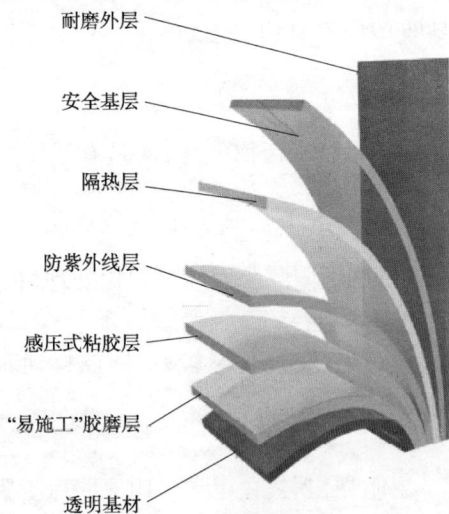

图 3-1-1　隔热防爆膜的结构

## 二、车窗贴膜的作用

(1)隔热防晒:减小光线的照射强度,达到隔热防晒的效果,保持车内凉爽。

(2)隔紫外线:有效地阻挡紫外线,对肌肤起到保护作用。

(3)安全与防爆:防止玻璃爆裂飞散,避免事故中玻璃碎片对人员造成伤害,提高汽车安全性。

(4)单向透视:使车外看不清车内,增强安全性和隐秘性。

(5)防眩光:保持眼睛舒适,降低因眩光因素造成的意外情况。

(6)提升美观度:改变车窗玻璃白色的单一色调,给汽车增添美感。

(7)降低空调能耗:在一定程度上防止车内温度过高,节省了油耗也降低了空调能耗。

## 三、太阳膜优劣的鉴别方法

### 1. 看

(1)看透光率。不论太阳膜的颜色深浅,夜间可视距离要确保在 60m 以上,透光率在 70% 以上,无雾蒙蒙的感觉。而劣质太阳膜则会有雾蒙蒙的感觉。

(2)看颜色。因优质太阳膜的着色方法是采用本体渗染或溅射金属;普通膜是在黏胶中加入颜料。为此可利用装潢店的样品或粘贴时多余的废角料车膜用牙扣开一角。

①用指甲刮黏胶层,看有无褪色,若褪色为劣质膜,不褪色为优质太阳膜。

②用汽油和酒精喷洒在太阳膜的黏胶上,看是否褪色。

(3)看气泡。将车膜撕开一角,然后重新合上,劣质车膜会起泡,而优质车膜合上后完好如初。

(4)看黏胶。可从膜内采用的是干胶还是湿胶来区分。高档优质的太阳膜都采用干胶,消费者可用牙齿咬边角后撕开其隔离保护层,车膜不粘手就是优质的,反之,粘手的就是相对劣质的车膜。

（5）看品牌。看太阳膜是不是品牌产品，有无国家质检证书。辨别防伪标志，现在，许多高档品牌都有防伪标志，而且防伪标志制作清晰，很规则。但劣质假冒的防伪标志不均匀，也不清晰。

**2.闻**

优质汽车车膜撕开隔离保护层，没有任何气味，或是有淡淡香味，而劣质汽车车膜则有刺鼻的气味。

**3.摸**

优质太阳膜手感厚实平滑，好的太阳膜表面经过硬化处理，长期使用不会划伤表面。普通膜手感薄而脆，摇动玻璃后，会在膜上留下划痕。

优质汽车车膜用手抖动时声音清脆，质地感较好，就像抖动新的百元钞票一样；而劣质汽车车膜，抖动时声音很沉闷、很软。

**4.擦**

优质高档的膜表面都有一层防划伤层，在正常使用下能保护膜面不易划伤，而低档就无此保护层，在贴膜时就会被工具刮出一道道划痕，令膜面不清晰。

试验方法：可以取一小块车膜，放在玻璃上划痕。如果膜容易留下痕迹或是破裂，说明此类膜属劣质产品，不要选用。

**5.试**

1）车膜的隔热性试验

隔热只凭肉眼看和手摸是很难鉴别的，可以通过简单的测试方法来进行判别：在一个碘钨灯上放一块贴着不同车膜的玻璃（不要碰到碘钨灯的灯管以免爆炸），用手摸上去基本感觉不到热量的是优质车膜，而立即有烫手感觉的，则是隔热性较差的劣质车膜。

2）紫外线隔断率的试验

把太阳膜放在一张100元人民币上面，然后用验钞器的 UV 光线验证人民币内隐藏的100 防伪标记，看不到的是优质太阳膜，能看到或不清晰的是劣质太阳膜，其紫外线阻隔率没有或较差。

## 四、贴膜工具介绍

常用的贴膜工具见表3-1-1。

常用的贴膜工具      表3-1-1

| 名　称 | 照　片 | 作　用 |
| --- | --- | --- |
| 长软刮、短软刮 | | 主要用于清洗玻璃，不能用来刮膜 |

续上表

| 名　称 | 照　片 | 作　用 |
|---|---|---|
| 小三角刮 | | 清除玻璃上的污物 |
| 大三角刮 | | 主要用于贴膜、烤膜，也可用于清洗玻璃 |
| 热风枪 | | 用于烤膜定型，温度可调节 |
| 喷壶 | | 喷洒配制好的洗涤液，用于清洗车窗玻璃 |
| 剪刀、美工刀 | | 用于裁剪和切割太阳膜 |
| 大毛巾 | | 保护仪表台及发动机舱盖 |

| 名　　称 | 照　　片 | 作　　用 |
|---|---|---|
| 长钢直尺 |  | 用于测量玻璃尺寸及下料 |
| 防护粘纸 |  | 保护车门内饰及电器 |

### 五、前后风窗玻璃贴膜流程

#### 1. 准备工作

（1）安全停车，检查所接车辆的外观。包括：车身漆面、汽车玻璃、真皮座椅以及车内物品（包括内饰、座椅、仪表板）。如果有瑕疵或者有车主财物，需要提前提醒车主注意，并提示车主将贵重物品拿走，如图 3-1-2、图 3-1-3 所示。

图 3-1-2　车辆检查

图 3-1-3　车辆检查

（2）清洁施工场地，做到地面干净，如果是无尘贴膜间，则打开喷雾，先做室内降尘处理，确保施工环境达到贴膜的要求。

（3）做好施工工具准备，包括烤枪、刮板、贴膜喷壶、裁膜刀、贴膜保护套装、施工大小毛巾、门板保护膜及玻璃清洁剂等,如图3-1-4所示。大毛巾需要覆盖发动机舱盖,小毛巾覆盖仪表台,贴膜保护套装将车辆前后排座椅全部套好,门板保护膜用胶带贴好,以及必要的玻璃清洁剂。

(4)将车身及玻璃表面的灰尘清洗干净。

(5)用防护布或者保护套做好车身防护措施,防止损坏车内电器等部件。

用玻璃清洗剂将玻璃及其边缘反复清洗干净,再用干的刮板刮干玻璃。一般按照从干的一边到湿的一边,从上边到下边再到底边的顺序操作,也可用不起毛的棉布擦干边缘。

**2. 膜的粗裁**

(1)将太阳膜用剪刀粗剪成施工对象玻璃般大小,膜的周围应留出 2 ~ 3cm 的加工余量,等定型后再精裁,如图3-1-5所示。

图 3-1-4  贴膜工具

图 3-1-5  粗裁

(2)在玻璃外侧喷上施工液体,使太阳膜的保护衬纸朝外,并放置到玻璃上。

**3. 热定型**

使用温度可调的热风枪对太阳膜进行加热,一边加热一边用三角刮板刮膜,使太阳膜变形,直至与玻璃的曲面完全吻合。需要特别注意的是热风枪的温度一般在300℃左右,它和玻璃之间要保证一定的距离,应从弧度最大的部位开始,由中间向四周烤刮,要转圈烤,以使加热均匀,如图3-1-6所示。

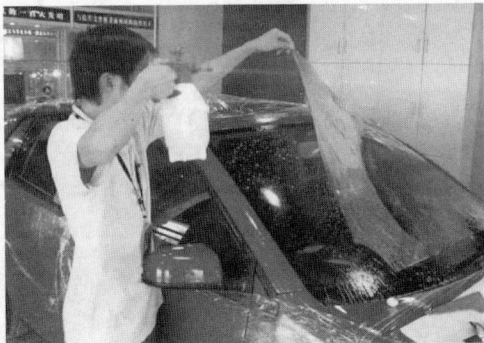
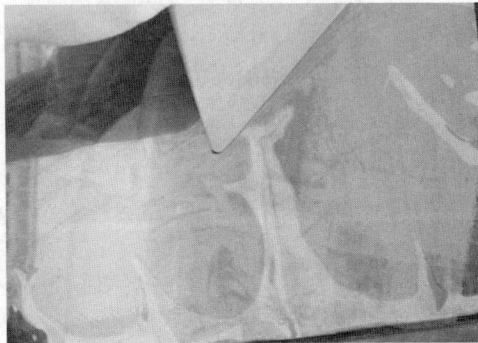

图 3-1-6  热定型

**4. 精确裁膜**

用裁膜刀按住三角垫沿玻璃的外沿线对膜进行精细裁切,一般贴膜要与车窗框有0.2 ~

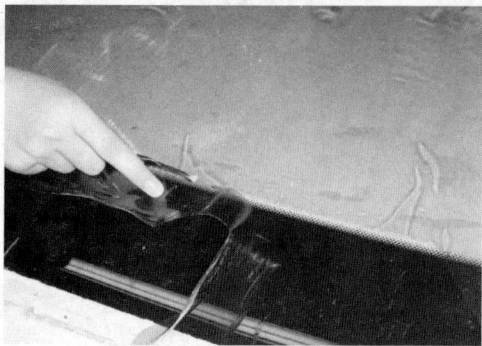

图 3-1-7 精裁

2mm 的间隙,以防玻璃的热胀冷缩影响到贴膜,如图 3-1-7 所示。

**5.对车窗内侧玻璃进行贴膜**

(1)在玻璃内侧用喷壶喷上安装液,撕开太阳膜的衬纸,边撕膜边在膜的胶面上喷安装液,将太阳膜贴于玻璃上,上下滑动,对好位置,固定。

(2)在膜的外侧(无胶侧)喷上安装液,将刚撕下的衬纸贴于膜上,用刮板从膜的中部向四周将安装液挤出,反复多次,直至无波纹,无气泡。

(3)仔细检查太阳膜粘贴是否有划痕、折痕、气泡、翘起和漏光等。

(4)取下太阳膜的衬纸,用吸水纸将玻璃边缘的水吸干。

(5)取下防护布或者保护套。

(6)整理工具和清理工位卫生。

**6.车辆移交**

(1)汽车擦净后驶到室外,实现最后的视觉检查。

(2)向前台交车,提示前台向客户解释质保流程和基本的维护说明。必须提示客户 3 天之内不得升窗,等窗膜充分干燥后方可升窗,避免升窗导致车膜翻卷和划损。

以上流程是前风窗玻璃的具体操作流程,后风窗玻璃及车门侧窗玻璃的贴膜操作流程与其一致,在操作时参照进行。

## 六、贴膜注意事项

(1)要选择无尘贴膜工作室,贴膜最怕灰尘和沙砾,街头作业很难做到环境清洁。

(2)贴前、后风窗玻璃时,一定要整张贴,否则会降低防爆性,而且影响美观。

(3)粘贴过程要防止灰尘、毛发等粘到太阳膜或车窗上。

(4)后风窗玻璃处若有高位制动灯,贴膜时应尽量拆除。

(5)3 天内不要升降车窗玻璃或用水洗车,以免水分未干造成膜脱落。3 天内前风窗玻璃不得受空调直吹。10 天内不要用除雾剂。

(6)膜面出现污渍,不要用化学溶剂擦拭,最好用清洁的湿毛巾、纸巾蘸水或用棉布配合玻璃清洗剂清洗。

(7)不可将一些吸盘或一些黏物吸附在太阳膜上,容易造成膜脱落。

# 课题 2　车贴装饰

汽车车贴,俗称"拉花"或"彩条",汽车拉花源自赛车运动,1985 年的港京拉力赛为中国赛车运动拉开了帷幕,也为中国的车迷带来了最早的汽车拉花,早期汽车拉花一般都是赞助厂商的商标和车队的队标等。这类装饰已经普遍应用于现代家庭轿车上,个性十足,是现代汽车不可或缺的元素。

## 一、汽车贴纸的分类

（1）按形式：运动、改装和个性贴。

（2）按制作工艺：雕刻型、印刷型、反光型。

## 二、车贴相关法律法规

（1）汽车贴纸不可以采用特种车辆专用颜色，我国法律规定，虽然机动车所有人可以对车身颜色进行改装，但是消防专用红色，工程抢险专用黄色，国家行政执法专用的上白下蓝颜色及搭配，属于特种车专用颜色，普通车辆不能使用。

（2）汽车贴纸面积不能超过车身面积的30%，超过需报批。如果汽车贴纸面积过大（超过30%）并没有去公安交通管理部门报批，这会导致车辆与行驶证的照片不一致。

（3）汽车贴纸不得影响安全驾驶，内容须健康向上。我国法律规定，机动车喷涂、粘贴标识或者车身广告，影响安全驾驶的将会被处以二百元以下罚款。

## 三、车贴装饰的操作方法

车贴装饰的操作方法有两种：一种是湿贴法，一种是干贴法。具体操作步骤如下。

**1. 湿贴法**

具体步骤见表3-2-1。

湿　贴　法　　　　　　　　　　　　　　　　　表3-2-1

| 步　骤 | 施工照片 | 施工工艺 |
|---|---|---|
| 着装准备 | | 着装整洁干净的工作服，不能穿有拉链和明扣的衣服，不允许佩戴手表、手链、金属挂件等，以免刮伤车漆 |
| 设备、工具及材料准备 | | 毛巾、喷水壶、刮板、汽车贴纸等 |
| 检查车轮挡块和驻车制动器 | | 操作前的安全措施 |

续上表

| 步　骤 | 施工照片 | 施工工艺 |
|---|---|---|
| 检查车辆 | | 根据图样确定粘贴的部位,对比尺寸 |
| 贴纸喷水 | | 用清洁剂与水的混合剂(1:10)均匀地喷在车身部位和已揭开贴纸上的胶面,以保持湿润,溶液能使贴膜更容易控制,并使其在永久黏附之前可以正确的定位 |
| 揭开底纸 | | 将贴纸背面的底纸揭开后,贴纸将附在保护膜上,根据图样样板,将其贴在车身部位,先固定左侧,再固定右侧,然后慢慢除去底纸,不要弄脏附着表面 |
| 贴纸定位 | | 当贴膜的表面和车身表面都湿润时,整条贴纸可以轻松地运动,根据图样调整贴纸的位置,最后定位 |
| 刮除水分 | | 贴纸位置定好后,用橡胶刮板刮出贴纸下的水 |
| 贴纸裁边 | | 在车门与车身缝隙连接处粘贴车贴时,用剪刀沿着车门边剪开。剪好后,以剪开处为中心,将贴纸分别向两侧反方向平移2mm,避免开门、关门时擦到贴纸,引起贴纸卷边 |

续上表

| 步　骤 | 施 工 照 片 | 施 工 工 艺 |
|---|---|---|
| 撕开保护膜 | 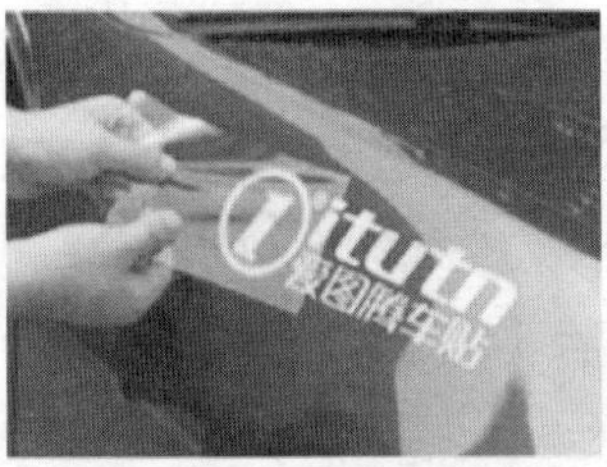 | 　　将贴纸与车身的水分全部刮走后,待贴纸完全干后,再将保护膜撕去。<br>　　如果想要贴纸快速干,可用电热风机烘干,但要注意保持一定的距离和温度 |
| 检查确认 |  | 　　将贴纸的车辆外表面进行检查,确认没有遗漏 |

## 2.干贴法

具体步骤见表3-2-2。

干　贴　法　　　　　　　　　　　　　　　　表3-2-2

| 步　骤 | 施 工 照 图 | 工 艺 要 求 |
|---|---|---|
| 着装准备 | 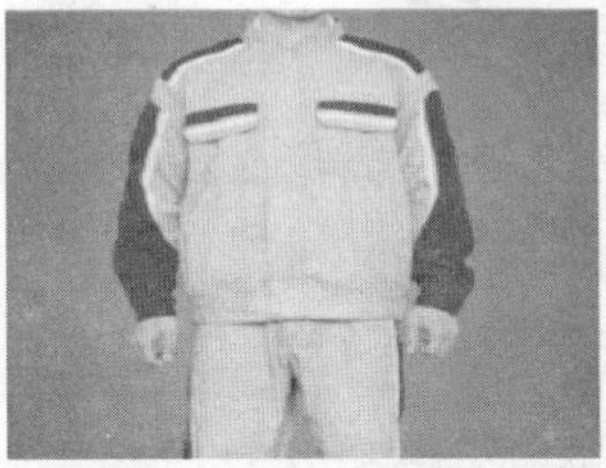 | 　　着装整洁干净的工作服,不能穿有拉链和明扣的衣服,不允许佩戴手表、手链、金属挂件等,以免刮伤车漆 |
| 设备、工具及材料准备 |  | 　　毛巾、喷水壶、刮板、汽车贴纸等 |

| 步　　骤 | 施 工 照 图 | 工 艺 要 求 |
|---|---|---|
| 检查车轮挡块和驻车制动器 | | 操作前的安全措施 |
| 清洁车身 | | 用清洁剂与水的混合剂(1∶10)均匀地喷在车身部位以保持湿润,溶液能使贴膜更容易控制,并使其在永久黏附之前可以正确地定位 |
| 确定粘贴位置 | | 确定好需要贴的位置。一般情况下,慢慢地一边贴、一边用工具刮平、一边揭底纸 |
| 反复刮平 | | 贴好后,再反复刮压几遍,撕除透明转移膜 |
| 清理 | | 贴纸作业完成后,清除车身多余的贴纸 |

续上表

| 步　骤 | 施工照图 | 工艺要求 |
|---|---|---|
| 检查车辆 | | 将贴纸的车辆外表面进行检查,确认没有遗漏。不要让车贴和车身有任何分离或凸起 |

# 课题3　车身贴膜

## 一、车身改色贴膜

汽车改色贴膜是一种用色系丰富、颜色多样的薄膜,以整体覆盖粘贴的方式,以改变全车或局部外观为目的进行的汽车外观改装技术。其优点是在不伤原车漆的前提下,随心所欲地改变车身颜色与涂装。与全车喷漆相比,改色贴膜施工简易,对车辆完整性的保护更好;颜色搭配自主性更强,且不会存在相同颜色不同部位产生色差的烦恼。如果想恢复原车漆,只需去施工店揭掉贴膜即可。

**1. 汽车车身改色贴膜特点**

(1)耐久性能优越:极好的户外耐久性,优级产品3～5年,特级产品7～9年,无脱胶、不褪色、不起翘、无脆裂。

(2)优异背胶黏性:40min内可反复粘贴便于多次施工定位;24h固化后,具备永久性、可移除性、高遮蔽性特点;施工揭除后无胶质残留。

(3)单张平整度好:展开后平整度极佳,不易产生折痕,便于施工。

(4)良好延展韧性:拉伸强度好,可完美包括车身曲折及弧度表面。

(5)尺寸稳定性强:固定后不再产生伸缩。

(6)整膜覆盖性好:超宽幅宽度达1.524m,保证整膜覆盖,无须拼接。

(7)高效滤光性能:隔绝UV辐射,降低紫外线、高温对原车车漆的损伤。

(8)抗腐蚀能力强:耐化学物质腐蚀及酸雨、虫尸、鸟粪、树脂等的侵蚀。

(9)遮蔽性能优异:可完全遮蔽原车车漆颜色,展现车身膜本身亮丽色彩。

(10)划痕自我修复:对膜表层产生的细微划痕,可通过施工工艺处理即可自动弥合。

(11)耐候性能卓越:高温、严寒、风沙及海风地带均有良好耐候性,可始终保持鲜亮,持久晶莹。

(12)惰性阻温阻燃: $-40$ ～ $90℃$ 温差适应性,惰性隔热,有效阻隔日晒高温,降低自燃危害。

**2. 车身改色膜的种类**

车身改色膜的种类见表3-3-1。

车身改色膜的种类                                                            表 3-3-1

| 名　　　称 | 效　果　图 | 特　　　点 |
|---|---|---|
| 亚面彩色膜 | | 低亮度反射,暗亚高贵,适合稳重大气车型,更显绅士风度,亚光黑、亚光白、亚光黄等尤受青睐 |
| 光面彩色膜 | | 色彩鲜亮明快,专色逼真,时尚运动感强,适合超跑一族、运动型家轿以及两厢车,也可以为稳重车型增添另一番情趣 |
| 3D 碳纤维膜 | | 碳纤维质感亚光表面,强调立体感与典雅高贵,主以黑白灰色为主,适合中高端稳重车型及汽车内饰贴膜,效果极佳 |
| 防碎石透明保护膜 | | 纯色透明,不变黄不脆裂,专为保护车身而设计,可有效阻隔 UV、高温以及化学侵蚀,给原漆最彻底的保护,增强漆面立体亮度,令原漆效果更好展现 |
| 铸造级个性彩绘膜 | | 配合各类喷绘机使用,具有良好的油墨固封能力,完美表现各类图案,色彩鲜明生动,长久不变,是时尚潮流车主装饰爱车、张扬个性的首选,也是赛车以及广告应用及复杂图案展现中十分优秀的方案 |

| 名　称 | 效　果　图 | 特　点 |
|---|---|---|
| 高贵皮纹膜 |  | 具有真皮质感,多种色彩选择,配合真皮内饰,达到内外呼应的完美效果,将尊贵、豪华体现得淋漓尽致。 |
| 彩色珍珠膜 |  | 剔透明亮,配合点点晶光,又有珍珠般的柔滑细腻,是时尚动感的真实展现,适合时尚男女闪动活跃的气质,为爱车增添灵动气息 |
| 珠光膜系列 |  | 表面具有珍珠光泽的高档外观,珍珠素来就与典雅、高贵等形容词有着不解之缘,珍珠温婉气质与时尚金属光泽糅于一身,完美结合,更显奢华。黑色珍珠膜更是为钟爱变幻的流行达人们提供了最为丰富的多元化选择 |

**3. 车身改色贴膜施工流程**

(1)做好施工前车辆的漆面检查,对有破损地方,做车漆修复。

(2)贴膜前清洁车身,去除灰尘,对全车进行精致清洁,提高贴膜的效果。

(3)两人一起覆盖改色膜,并用磁铁固定,以提高贴膜效率,固定好后对各部位进行贴膜施工,如图 3-3-1 所示。

图 3-3-1　覆盖改色膜并固定

(4)使用软质刮板进行收边工作,防止刮伤车漆和改色膜,如图 3-3-2 所示。

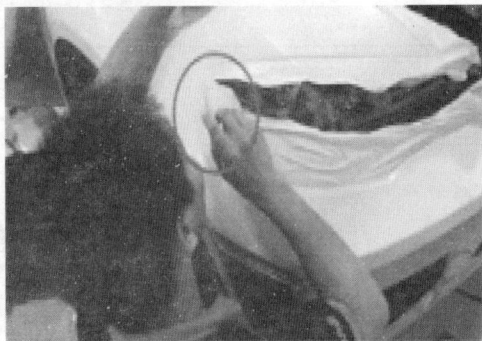

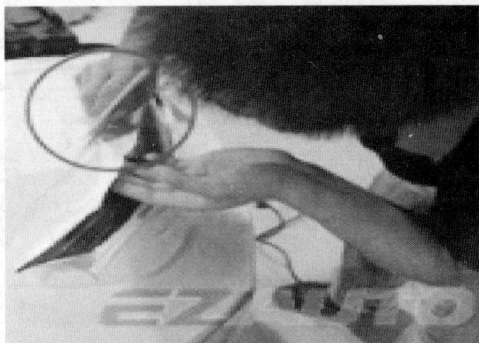

图 3-3-2　收边处理

（5）使用美工刀对特殊部位进行精细裁边和修整，如图 3-3-3 所示。

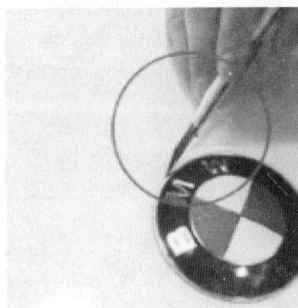

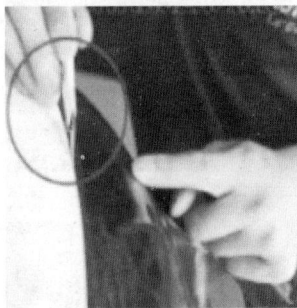

图 3-3-3　精细裁边和修整

（6）使用烤枪对改色膜加温，软化改色膜，并使用刮板进行整理，使其更好的贴附车身，如图 3-3-4 所示。

图 3-3-4　烤枪加温

（7）车辆静止停放 24h，确保车身背胶完全固化。

**4. 车身改色贴膜的注意事项**

（1）不能有气泡。

（2）在有弧度和台阶的地方粘贴时，要适当加热，避免撕裂。

（3）切割时，注意手只能握持好小刀，不能在刀上施力，几乎只能靠小刀本身的质量进行，以免划伤漆面或留下痕迹。

（4）要注意车辆交通管理的要求规定，否则，将会影响车辆的正常行驶和年度审核检查。

## 二、汽车车身保护膜贴膜

### 1. 汽车车身保护膜的作用

汽车车身表面保护膜又称车身隐形保护衣，是一种高性能膜，具有超强的韧任性，它能保护车体各部位漆面免遭剥落、划伤，并防止生锈和老化发黄，还能有效地防止剐蹭和小石子、沙粒的击打，防止紫外线照射，可长期保护车身表面，保持时间达 3 年以上。

**2. 装贴位置**

汽车表面保护膜装贴位置有：①汽车车顶；②发动机舱盖；③车外灯；④前后保险杠；⑤轮辋前缘；⑥后视镜外缘；⑦门外缘；⑧门把手内缘；⑨钥匙孔；⑩行李舱盖；⑪四个侧门等部位。

车主可根据实际需求进行装贴，如有的车主只装贴门把手内缘，以防止开关车门时车漆被指甲划伤。

**3. 装贴的基本方法**

(1)选择与装贴部位尺寸相当的表面保护膜和专用的装贴工具(参照与车窗贴膜工具)。

(2)小心地拆掉车身上的密封条及其他附件，便于装贴。

(3)用清洁剂清洗装贴部位，清除油污、尘土及异物等，使表面清洁、干燥；如果车身漆面的光泽度较差或者划痕明显，则应先抛光打蜡，并将蜡渍等清洗干净。

(4)在装贴部位和保护膜上喷上水，然后将保护膜平整地贴到车身表面上，使用热风枪对保护膜进行热定型(参照车窗玻璃膜定型)，并用刮板消除表面保护膜和车身表面之间的空隙和空气。

(5)用裁膜刀裁切掉多余的保护膜，用热风枪把保护膜边缘的水分吹烤干，热风枪温度应在 150℃以下。

(6)在刮板的表面包上棉毛巾，将装贴部位的所有密封槽清洁干净，并装上之前拆下的密封条及其他附件。

(7)撕掉保护膜衬纸，使表面保护膜牢固地黏贴在车身上，并将膜面清洁干净。

**4. 车身保护膜贴膜的注意事项**

(1)汽车车身保护膜的装贴部位必须清洁干净，必要时还需进行抛光打蜡，并将蜡渍等清洗干净，防止保护膜脱落。

(2)粘贴时，避免手指及皮肤上的油脂弄脏保护膜，影响保护膜的附着性能。

(3)直线形粘贴时，一个长条要一次完成粘贴，不能分段粘贴；粘贴复杂的曲线时，应使用曲线板或用画线笔绘制导向图。

(4)为防止保护膜脱落，24h 内禁止冲洗粘有保护膜的部位。

# 课题 4 汽车晴雨挡安装

汽车晴雨挡一般由树脂或工程塑料制成，它安装在汽车四个车门的门框上部，与门框形成一致的弧形形状，并朝外延伸突出，如图 3-4-1 所示。

## 一、安装晴雨挡的目的

顾名思义，汽车晴雨挡是一种既能在晴天使用，又能在雨天使用的一种汽车用品。在晴天时，可避免阳光直接照射车内，防止侧面强光影响开车视线；在雨雾天气，便于车内外换气且不被雨淋湿,有效消除前风窗玻璃起雾而影响驾驶视线,同时避免前挡刮水片在雨天刮水时的雨水吹入车内。晴雨挡及安装配件如图 3-4-2 所示。

图 3-4-1　晴雨挡

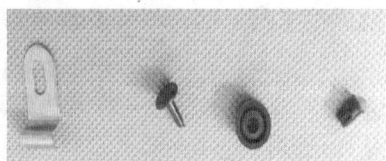

a)车门晴雨挡　　　　　　　　　b)固定卡扣、螺钉附件

图 3-4-2　晴雨挡及安装配件

## 二、晴雨挡安装过程

晴雨挡的安装形式根据晴雨挡设计不同、车型不同,其安装形式也不同,分别有粘贴式固定安装、螺钉卡扣式固定安装和前两者相结合的固定安装 3 种形式。

以胶粘式固定安装的晴雨挡为例,讲述整个安装过程,详见表 3-4-1。

晴 雨 挡 安 装　　　　　　　　　　　　　　表 3-4-1

| 步　骤 | 施工照片 | 工艺要求 |
|---|---|---|
| 清洁门框 |  | 用干净擦拭纸沾有清洁剂擦拭门框上晴雨挡的粘胶处,要避免手上的油污、灰尘、汗渍等粘在粘胶处,影响黏胶质量,确保晴雨挡安装时粘贴严密和牢固 |
| 比对晴雨挡 |  | 用晴雨挡与门框比对,检查晴雨挡是否匹配,有无质量问题,并确定安装的正确位置 |

续上表

| 步　骤 | 施工照片 | 工艺要求 |
|---|---|---|
| 安装晴雨挡 | | 安装晴雨挡,先拉开背胶表面一小段,再按照确定的位置压住,从前部一点一点地拉开粘住,直到全部粘住。对没有完全吻合的部位,可利用热风枪加热处理,以保证晴雨挡不渗水和稳固 |
| 撕除保护膜 | | 晴雨挡安装完毕后,撕下保护膜 |

### 三、晴雨挡安装的注意事项

(1)选装的晴雨挡必须与车型匹配。

(2)安装前必须清洁安装部位,清除油污和灰尘。

(3)晴雨挡安装前,一定要在未撕胶的情况下比对好安装位置,否则,背胶被污染会影响其黏附力,导致安装不牢固。

(4)欲安装前可用热风枪对背胶适当加热,有助于增加黏性。

(5)用热风枪加热时,注意加热温度,以免晴雨挡变形或损坏。

(6)粘贴晴雨挡后应按压一段时间,使其与门框贴合。

(7)晴雨挡安装后,3天内不得洗车,以免脱胶。

(8)螺钉卡扣式固定安装的晴雨挡与粘贴式固定安装的方法相似,但在安装固定支架时要注意门框油漆颜色,要考虑到它的整体性。

# 课题5　汽车轮眉安装

汽车轮眉安装在车身翼子板的最外沿,它不仅能起到保护轮弧的作用,而且还是非常美观的装饰件,如图3-5-1所示。特别是不锈钢轮眉,在阳光照射下会发出耀眼的白光,使整个车身显得更加饱满、坚实。

### 一、汽车轮眉的种类

轮眉按照材质分为金属和塑胶两种,按照安装方式也可分为粘贴式和卡扣式两种。

金属轮眉一般采用不锈钢材质,由模具冲压制成,轮眉外侧与翼子板接触部位有黑色胶,防止其刮伤车漆,同时防止产生噪声。金属轮眉多数采用卡扣式固定方法进行安装。金属轮眉及其安装方式如图3-5-2所示。

图 3-5-1　汽车轮眉

图 3-5-2　金属轮眉及其安装方式

塑胶轮眉具有柔软性好、有弹性、不易变形等特点，能有效防止车漆刮擦，一般采用粘贴式固定方法安装。塑胶轮眉及其安装方式如图 3-5-3 所示。

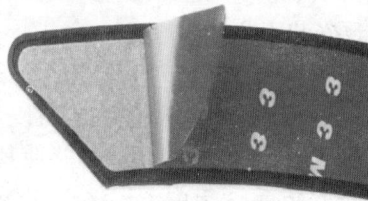

图 3-5-3　塑胶轮眉及其安装方式

## 二、汽车轮眉安装方法和步骤

在此以比较流行的不锈钢轮眉为例介绍轮眉安装的方法和步骤。不锈钢轮眉安装属于勾边式卡扣安装，卡扣为金属材质卡扣，安装非常方便，详见表 3-5-1。

轮 眉 安 装　　　　　　　　　　　　表 3-5-1

| 步　　骤 | 施工照片 | 工艺要求 |
|---|---|---|
| 清洁 |  | 用清洁剂清洁安装表面 |

| 步　骤 | 施工照片 | 工艺要求 |
|--------|----------|----------|
| 比对 | | 用轮眉与翼子板进行比对,检查轮眉是否匹配,有无质量问题,并确定安装的正确位置 |
| 勾边式卡扣安装 | | 把固定卡扣穿过轮眉的安装孔 |
| | | 把轮眉放到翼子板上调整好位置后,用手在翼子板里边压住卡扣钩头,使其紧紧勾住翼子板内侧边缘 |
| | | 用钳子夹住卡扣外头,并适当施加拉力往外拉紧,然后再往翼子板里面反扣和压紧即可 |

### 三、汽车轮眉安装的注意事项

(1)选装的轮眉必须与车型匹配。

(2)安装卡扣式固定的轮眉时,应先安装中间的固定卡扣,拉紧时注意力度,以免翼子板变形或卡扣破损。

(3)安装前必须清洁安装部位,清除油污和灰尘,特别是粘贴式固定的轮眉安装前一定要清洁彻底,否则背胶被污染会影响其黏附力,导致安装不牢固。

(4)轮眉安装前,一定要比对好安装位置,粘贴式固定的轮眉不要在比对安装位置时就撕开背胶。

(5)粘贴式固定的轮眉欲安装前,可用热风枪对背胶适当加热,有助于增加黏性,但需注意热风枪加热的温度,以免温度过高,造成轮眉变形或损坏。

(6)粘贴轮眉后应按压一段时间,使其与翼子板贴合,安装后 3 天内不得洗车,以免脱胶。

# 课题 6　汽车防撞条安装

汽车防撞条就是车主们通常所说的防护条、护舷胶条、防擦条、搭带、罗宾等,是用于汽车车身的防护用品,均安装在车身的最外沿(车门中下位置、前后保险杠 4 个拐角处、后视镜两侧外边缘等部位),如图 3-6-1 所示。

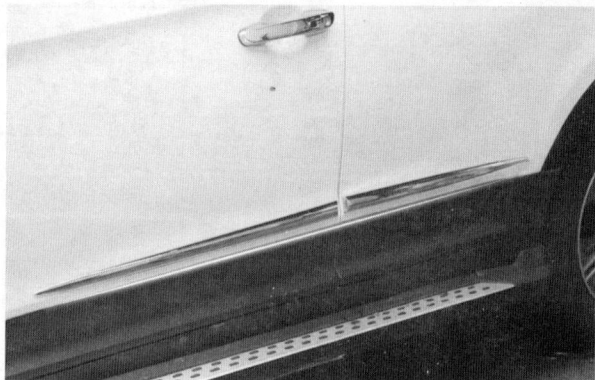

图 3-6-1　汽车防撞条

## 一、防撞条的作用

### 1. 防擦伤

汽车防撞条的主要作用是可以防止车身侧面被外来物擦伤或撞伤,生活中主要起到日常防护的作用。但因为防撞条的体积较小,所以在车身被意外刮蹭时的保护作用较小。

### 2. 装饰

汽车防撞条除了可以防止汽车与其他物体的轻微刮擦造成的车漆损伤外,也可适当掩盖轻微的刮擦痕迹,而且还是非常美观的装饰件,能增强车体的线条和动感,特别是电镀不锈防撞条,在阳光照射下会发出耀眼的白光,使整个车身显得更加饱满、坚实。

## 二、防撞条的种类

防撞条按其材质一般有金属和塑胶两种,金属防撞条由模具冲压制成,塑胶防撞条一般由模具浇注成形。

按防撞条与车身结构方式可分为:

(1)嵌入式:即车身成形时,相应部位留有凹槽,防撞条嵌入其中。

(2)平面式:即车身做成平面,相应部位留出数个洞孔,将防撞条对应的柱头插入其中粘贴。

(3)外加式:即车身无防撞条设计,后续通过 3M 胶、玻璃胶、205 胶将防撞条粘贴于车身上,此类多为美容店选装。

以前的防撞条都是黑色橡胶或不锈钢板制成的,颜色单调。为迎合市场需求,目前已有各种颜色的防撞条,有的与车身喷涂成一致的颜色,有的是更醒目的颜色,可让车主根据自已的喜好自由选择搭配,如图3-6-2所示。

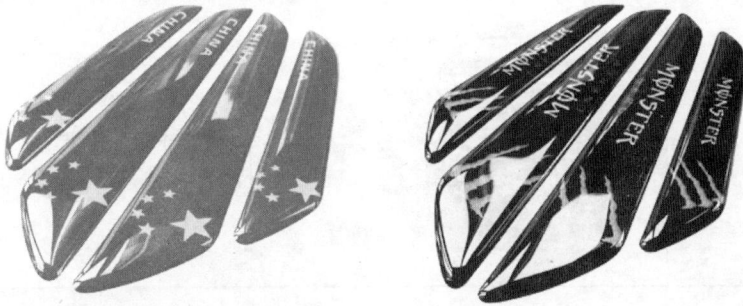

图3-6-2　颜色醒目的防撞条

## 三、汽车防撞条的安装方法和步骤

汽车防撞条的安装方法和步骤详见表3-6-1。

汽车防撞条的安装方法和步骤　　　　　　　　　　　　　表3-6-1

| 步　骤 | 施 工 照 片 | 工 艺 要 求 |
|---|---|---|
| 清洁 |  | 用干净擦拭纸沾有清洁剂擦拭车身上防撞条的黏胶处,要避免手上的油污、灰尘、汗渍等粘在黏胶处,影响粘胶质量,确保防撞条安装时胶贴严密和牢固 |
| 比对并确定安装位置 |  | 用防撞条与车身比对,检查防撞条是否匹配,有无质量问题,并确定安装的正确位置。安装位置可用美纹胶带贴出,注意全车的位置、高度一致 |
| 粘贴防撞条 |  | 安装防撞条前,应先拉开背胶表面一小段,再按照确定的位置压住,从前部一点一点地拉开粘住,直到全部粘住。对没有完全吻合的部位,可利用热风枪加热处理,以保证防撞条稳固 |

续上表

| 步　骤 | 施 工 照 片 | 工 艺 要 求 |
|---|---|---|
| 安装结束 | 粘贴式防撞条 | 防撞条安装完毕后,撕下表面的保护膜 |

### 四、汽车防撞条安装的注意事项

(1)安装前必须清洁安装部位,清除油污和灰尘。

(2)防撞条安装前,一定要在未撕胶的情况下比对好安装位置,否则背胶被污染会影响其黏附力,导致安装不牢固。

(3)欲安装前可用热风枪对背胶适当加热,有助于增加黏性。

(4)用热风枪加热时,注意加热温度,以免防撞条变形或损坏。

(5)粘贴防撞条后应按压一段时间,使其与车身贴合。

(6)防撞条安装后,3天内不得洗车,以免脱胶。

# 单元四
# 汽车漆面护理

**教学要求**

完成本单元学习后,你应能:

1. 知道汽车漆面护理的意义、种类与作用;
2. 掌握汽车新车开蜡的方法及注意事项;
3. 知道汽车车蜡的分类和作用;
4. 掌握汽车漆面打蜡的方法及注意事项;
5. 知道汽车漆面抛光原理和漆面抛光用品的使用方法;
6. 掌握汽车漆面抛光的操作方法及工艺流程;
7. 知道漆面封釉的概念,了解封釉与打蜡的区别;
8. 掌握汽车封釉方法及注意事项。

建议课时:20课时。

## 课题1  汽车漆面护理简介

### 一、汽车漆面护理的意义

汽车漆面护理指汽车在正常使用情况下,针对汽车漆面所需的护理条件,采用不同性质的漆面护理产品及施工工艺,对汽车漆面进行一种集清洁、打蜡、除尘、翻新及漆面处理为一身的工艺操作,以此对汽车起到更好的保护作用。

人靠衣装马靠鞍,外表是大家判断一切事物优劣的最直观要素。车辆也是如此,一辆光鲜亮丽的汽车即使不是名牌,也能让人眼前一亮。当然众多车主之中,也不乏懒人,洗车全仰仗天降暴雨,几个月下来车漆表面"刀枪不入",轻微的刮蹭都难以突破车漆外层的"壁垒"。其实车漆和人们皮肤一样,需要定期的护理和维护,否则等到"皮开肉绽"的时候,就要付出更大的代价了。

护理皮肤之前要分清中性、干性和油性,漆面护理虽然不用如此分门别类,但也应该了解一下常见的车漆种类。

一般来说车漆可分为底漆、面漆和清漆三层,而面漆又可分为普通漆、金属漆和珠光漆几种。普通漆的主要成分为树脂、颜料和添加剂;金属漆多了铝粉,所以完成以后看上去亮;珠光漆是加入云母粒。云母是很薄的一片片的,具有反光性,也就有了色彩斑斓的效果。如果是金属漆加上清漆层,车漆看上去就很耀眼。

## 二、汽车漆面护理种类及产品

汽车漆面护理种类目前主要有打蜡、抛光、封釉等。汽车漆面护理产品可使汽车外表保持鲜亮如新,如车蜡、抛光剂、车釉等产品。

### 1. 汽车蜡

车蜡是为增加车身光亮度,提高汽车漆面的质量,延长使用期的一种化工产品。目前,市场上车蜡种类繁多,既有固体和液体之分,也有高档和中档之别,还有国产和进口之选择。由于各种车蜡的性能不同,其作用与效果也不一样,一般来说固体蜡的优点主要在于打完蜡时比较光亮,漆面也比较顺滑,但问题是固体蜡在打蜡过程中会产生较多的蜡屑,也无法深入漆膜,打磨也很费劲。另外,固体蜡怕水,保护时间也短。乳蜡的优点是保护时间比较长,但功效仅及表层,无法强化漆膜,打磨和固体蜡一样比较费劲。液体蜡的优点是风干时间短,打磨省力,而且能完全与漆膜结合强化,保持时效长、效果佳,液体蜡还可以隔离空气中的微尘及酸雨等污染物的侵袭。

不管形态或者性能有什么不同,车蜡总体来说就是在不同蜡的基础上添加溶蜡的有机物来制备,只是不同性能的蜡添加的辅助成分以及基础蜡不同而已,例如色蜡就是在普通蜡基础上加入油墨,因研究发现用油墨中的多价金属离子处理天然蜡的效果要比普通蜡优越。

### 2. 抛光剂

汽车抛光剂是涂抹于汽车(特别是高级轿车)表面漆膜上形成保护膜以维持车体表面整洁光亮,延缓漆面老化的一种精细化工制品,又称研磨剂、除痕剂。抛光剂的作用在于依靠抛光剂与车漆产生的化学反应,让车漆显示出本身的光泽,达到镜面效果;治理车漆的轻微损伤,其中包括酸雨点、碱性水点、石灰水泥点、虫体鸟粪、工业污染等;为打蜡做好准备以及消除研磨造成的细微划痕。

早在20世纪60~70年代,一些发达国家(如美国、日本等)随着本国汽车工业的高速发展,开始研制并开发具有优良去污和上光性能及使用方便的汽车抛光剂。近年来,随着我国汽车工业的迅速发展和进口汽车(轿车)的增加,国内汽车生产厂家和用户对汽车抛光剂的需求量也不断增长。

### 3. 车釉

汽车封釉是近几年才引入中国的理念,但是凭借其特有的优势越来越被中国的车主认可,因而汽车封釉要求在逐步上升。

汽车封釉实际上是为汽车漆面上镀一层坚实的保护层,与汽车打蜡相比,两者均为汽车美容、保护汽车漆面光泽的功能。但是汽车封釉跟打蜡又有许多不同之处,例如前者保护时间长,不溶于水,不损坏原有漆面,减少了频繁的为汽车打蜡的麻烦和打蜡对漆面有一定影响的不足。

目前市场上的封釉产品都具有使漆面更顺滑、不沾尘,还具有防氧化、耐高温、防褪色、防酸碱、防静电、抗高温、抗紫外线等8大功能。当然随着封釉产品突飞猛进的发展,现在市场上新推出的封釉产品又有自己独特之处。如美国"格耐釉"所形成的丝质般柔滑的珐琅外表,如同坚硬的玻璃铠甲,可抗磨、抗酸、防火、防紫外线,渗透到汽车表面油漆,车身表面保持鲜艳持久,最长可达两年,其间不用再打蜡。

# 课题 2　新 车 开 蜡

汽车生产厂家为了保护车漆在长途运输过程中不受损害,会在车身喷一层封漆蜡。因为封漆蜡极厚,并且十分坚硬,所以可以防止大型双层托运车运输途中树枝或强力风沙的刮蹭与抽打。清除新车的封漆蜡即"开蜡"。

## 一、封漆蜡的特点

(1)封漆蜡不同于上光蜡,它没有光泽,透气性差,严重影响汽车美观。

(2)汽车在使用过程中,封漆蜡易黏附灰尘,且不易清洗。

(3)封漆蜡在漆膜表面长期停留会因紫外线、大气酸性物质的助解性而演变成有害物质腐蚀车体。

## 二、封漆蜡的类型

(1)油脂封蜡:其特点是蜡壳呈半透明状,该种封蜡保护多见于需要经过长途海运的车辆商品。

(2)树脂封蜡:如果从出厂到销售地只需经过国内短途运输,则车辆一般用树脂封蜡,该封蜡的特点是蜡壳呈亚透明状。

(3)硅性油脂保护蜡:这种封蜡蜡壳呈全透明状态,是厂家为出厂的新车提供的短期保护层。

## 三、开蜡所需工具

### 1.专用洗车海绵

这种中密度海绵具有极好的包容性,在清洁车身过程中能将沙粒及尘土深藏于气孔之内,避免了因擦洗工具过硬而不易包容泥沙给车体造成划痕的问题,配合高润滑性阴离子表面活性剂(高泡洗车液)更可保证操作中万无一失,如图4-2-1所示。

图 4-2-1　专用洗车海绵

**2. 高密度纯棉毛巾**

三遍开蜡工序中都需使用,因质地比较柔软,即使清洁车体后表面仍存有少量泥沙,开蜡过程中也不致对漆面造成影响外观效果的较大伤害,所以纯棉毛巾应是开蜡过程中必不可少的重要工具之一,如图4-2-2所示。

**3. 塑料异形刮板**

这种刮片制料较软,具有一定韧性,加之垫有纯棉毛,所以操作时不会对漆面造成任何损伤。验车时可用此方法清除手指触及不到的地方,如板块连接处、车标等,如图4-2-3所示。

图4-2-2 高密度纯棉毛巾

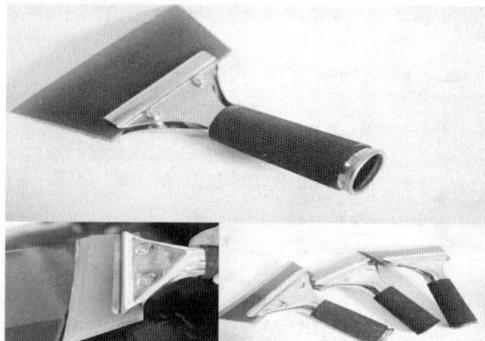

图4-2-3 塑料异性刮板

**4. 防护眼镜**

防止施工中毛巾擦洗车体时药剂飞溅入眼。如有类似现象发生,应立即用清水冲洗,情况严重者应马上就医,如图4-2-4所示。

**5. 橡胶手套**

因多数开蜡液均属轻质性煤油类产品,渗透分解性极强,有害于皮肤,所以应使用橡胶手套采取防护措施,如图4-2-5所示。

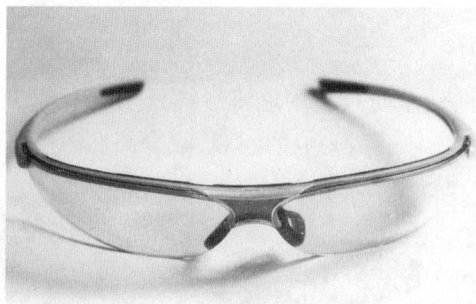

图4-2-4 防护眼镜

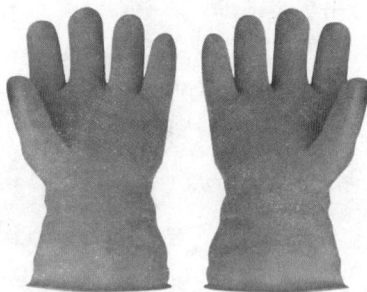

图4-2-5 橡胶手套

## 四、开蜡水

新车的开蜡要使用专用的开蜡水,不能使用其他溶剂来代替。开蜡水是新车开蜡作业最重要的用品,具有较强的溶解能力和去油污能力。一般新车开蜡,在喷上开蜡水后几分钟内,就可以将车表蜡层完全溶解,而且对漆面以及塑料和橡胶件没有腐蚀。针对车身表面封漆蜡的不同,开蜡水主要有油脂开蜡水、树脂开蜡水、强力脱蜡洗车液3种。分别对油脂封蜡、树脂封蜡、硅油保护蜡进行开蜡,如图4-2-6所示。

### 五、新车开蜡工艺流程

(1)车身表面,冲洗干净。新车开蜡时,必须先冲洗车身表面,可用冷水高压清洗机冲去车身表面尘埃和其他表面附着物,否则会影响开蜡水的溶解效果。

(2)喷开蜡水,均匀喷洒。冲洗干净车身表面后,在开蜡车的车身表面均匀地喷上开蜡水,等候6～7min使用开蜡水完全渗透于蜡层,快速溶解车身表面蜡的保护层。

图4-2-6 开蜡水

(3)车身表面残蜡,擦拭干净。当车身表面蜡层完全溶解后,用棉布、毛巾或无纺布擦除车身表面的残蜡。擦拭时,应注意清除厂牌、车标内空隙以及加油口盖钥匙孔周围、纤细的边缘或转角部分、车门车窗密封橡胶的边条缝、车牌、车灯、门边等处残存的车蜡。

(4)清洗车身,最后擦干。使用冷水高压清洗机冲洗车身表面,然后喷上洗车液清洁车身,最后再用高压水冲净车身。

### 六、新车开蜡注意事项

(1)在开蜡前不要使用洗车液.以免造成无谓浪费。
(2)开蜡水喷施一定要均匀,边角缝隙处千万不可忽视。
(3)施喷开蜡水后,要待开蜡水完全渗透蜡层并使其开始溶解后才能用毛巾擦拭。
(4)清洁及擦干要按洗车作业规程实施。因为经开蜡水清洗开蜡后,仍会有部分蜡质及杂质留在车身表面。

# 课题3 汽车漆面打蜡

## 一、车蜡的介绍

目前,汽车美容车蜡种类繁多,由于各种车蜡的性能不同,其作用的效果也不一样,所以在选用时必须谨慎,选择不当不仅不能保护本体,反而会使车漆变色,以下根据车蜡的几种形式对车蜡进行分类。

### 1.按照成分分类

按照成分对车蜡进行分类,主要可以分为石蜡、树脂蜡、合成蜡、混合蜡等,每种类型蜡的作用也各不相同,在使用时应根据实际情况选择合适的车蜡。

1)石蜡

石蜡由石油提取,直接作用在车身上会对车漆有一定的损伤。通常石蜡直接给汽车打蜡是不行的,当时虽然光亮了,但容易沾染灰尘。沾染灰尘之后,很难把沾染的灰尘从石蜡清洗下来,并且越擦越脏,如图4-3-1所示。

2)树脂蜡

树脂蜡由植物成分提取,不损伤车漆。它的主要目的是防雨水、防尘和防划痕。这种保护层一般不含油脂物质,如图4-3-2所示。

图4-3-1　石蜡

图4-3-2　树脂蜡

3)合成蜡

合成蜡是人工化学反应合成出来的,理化性质更稳定,对车漆保护更好,在车漆上保留时间也更长,如图4-3-3所示。

4)混合蜡

混合蜡的成分比较复杂,它是由各种成分混合而成,能够适用于更加复杂的漆层状况,一般使用不多,如图4-3-4所示。

图4-3-3　合成蜡

图4-3-4　混合蜡

**2. 按照状态分类**

按照车蜡状态进行分类,车蜡主要可以分为液体蜡、膏状蜡、固体蜡和原车保护蜡,根据不同的打蜡方法可以选择不同状态的车蜡。

1)液体蜡

液体蜡在使用时比较方便,多用于机械操作。其稀释后渗透力强,去污效果好,常配合抛光机使用,所以更省力,耗时短,如图4-3-5所示。

2)膏状蜡

膏状蜡由于其状态特点,一般情况下适合手工操作,简单方便,如图4-3-6所示。

3)固体蜡

固体蜡只能用于手工,使用效果长。其以沾、擦的方式打蜡,比较省蜡。价格便宜,而且保持的时间长,泼水后效果以及光泽度比较好,如图4-3-7所示。

图 4-3-5　液体蜡

图 4-3-6　膏状蜡

图 4-3-7　固体蜡

因此,车蜡种类繁多,在选用时一定要谨慎,当爱车需要打蜡时,先不要着急去购买任何一款车蜡,而是先要确定爱车需要哪一种车蜡,以免得不偿失。

## 二、车蜡的选用

**1. 根据车辆的行驶环境来选择**

由于车辆的运行环境千差万别,受外界污染物侵害的方式、程度也不相同,因而在车蜡的选择上对车漆的保护应该有所侧重。例如,经常行驶在泥泞、山区、尘土等恶劣道路环境中,应选用保护功能较强的硅酮树脂蜡;沿海地区宜选用防盐雾功能较强的车蜡;而化学工业区宜选用防酸雨功能较强的车蜡;多雨地区宜选用防水性能优良的车蜡;光照好的地区宜选用防紫外线、提高温性能优良的车蜡。

**2. 根据漆面的质量来选择**

普通车辆选用普通的珍珠或金属漆系列车蜡即可;对于中高档轿车,其漆面质量较好,则应选用高档车蜡。

**3. 根据漆面的新旧程度来选择**

新车或新喷漆的车辆,应选用上光蜡,以保持车漆的光泽和颜色;对旧车或漆面有漫射光痕的车辆,可选用研磨蜡对其进行抛光处理后,再用上光蜡上光。

**4. 根据季节的不同来选择**

夏季一般光照较强,宜选用防高温、防紫外线能力强的车蜡。

**5. 根据车漆颜色不同来选择**

一般深色车漆选用黑、红、绿色系列的车蜡;浅色车漆选用银、白、珍珠色系列的车蜡。

## 三、汽车打蜡工具

**1. 打蜡海绵**

在手工上蜡时需要用到打蜡海绵。手工上蜡简单易行,首先将适量的车蜡涂抹在海绵上,然后按一定顺序往复直线涂抹,每道涂抹应与上道涂抹区域有 1/4 ~ 1/3 的重合度,防止漏涂及保证均匀涂抹。打蜡海绵使用时不用浸湿,蜡本身有油性,如图 4-3-8 所示。

**2. 打蜡手套**

打蜡手套采用纯棉纤维。保证 100% 的纯棉,线丝柔软,在使用的过程中,不会对车漆有损伤。棉丝连线精密不易脱线,使其使用更为长久,如图 4-3-9 所示。

图4-3-8　打蜡海绵

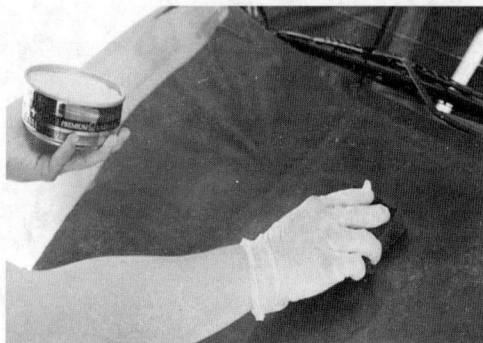

图4-3-9　打蜡手套

### 3.打蜡毛巾

打蜡毛巾用于汽车上蜡后手工抛光和车身清洁等。它具有静电除尘功能,高强吸水性、去污性,不易脱毛清洁,如图4-3-10所示。

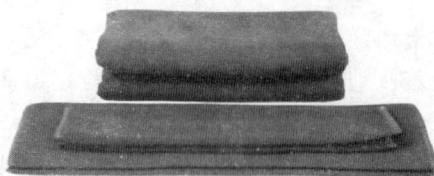

图4-3-10　打蜡毛巾

## 四、汽车漆面打蜡流程

汽车漆面打蜡的步骤和流程详见表4-3-1。

汽车漆面打蜡的步骤和流程 　　　　　　　　　　　表4-3-1

| 步　骤 | 施工照片 | 工艺要求 |
|--------|----------|----------|
| 洗车 |  | 先用高压水枪把车身表面的沙尘冲掉,然后用泡沫清洗机喷泡沫,再用洗车海绵对车辆进行彻底擦洗。<br>擦洗完成后,用高压水枪将泡沫及污渍冲洗掉,注意控制好高压水枪的压力,以免压力过高伤及车漆。<br>用纯棉毛巾擦干车上水珠,并用气压枪吹干缝隙及其隐蔽部位的水分。操作时左手拿毛巾,右手拿气压枪,一边吹一边用毛巾挡住,以免杂质飞溅进入眼睛 |
| 去除沥青等污物 |  | 先将车身清洗干净,即可看出沥青等污物。但如果为深色车就不易发现。<br>将专用清洗剂喷于污物处等待其软化,用纯棉毛巾将污物擦拭干净,随后用清水清洗该处并擦干 |

续上表

| 步 骤 | 施工照片 | 工艺要求 |
|---|---|---|
| 涂抹车蜡 | | 用打蜡海绵沾适量车蜡,以划小圆圈旋转的方式均匀涂蜡;圆圈的大小以圆圈内无遗漏漆面为准,每圈盖前一圈1/3,圆圈轨迹沿车身前后直线方向。<br>全车打蜡顺序:把漆面分成几部分,按右前机盖→左前机盖→右前翼子板→右前车门→右后车门→右后翼子板→行李舱盖的顺序研磨右半车身,按相反顺序研磨左半车身。直到所有漆面无遗漏地打蜡。<br>在全部漆面上均匀涂一薄层车蜡,以漆面明显覆盖一层车蜡为准,喷漆的前后塑料保险杠也要涂蜡 |
| 抛蜡 | | 上蜡5~10min后,蜡表面开始发白,用手背抹一下,手背上有粉末,抹过的漆面有满意光亮,说明蜡已经干燥。此时用柔软干燥的纯棉毛巾来回擦拭抛光,使蜡均匀附在车漆上,直到漆面的倒影清晰可见。<br>抛蜡后彻底清洁玻璃、保险杠、饰条、轮胎、轮辋等,顺序与涂抹蜡一样,直到整个车表没有残蜡 |
| 塑料胶边色泽还原 | | 塑料胶边色泽还原剂是一种很油性的液体,清理起来比较困难,因此尽量不要涂抹到漆面上和玻璃上,特别是玻璃上。涂抹顺序与涂抹蜡的顺序一致 |
| 检车交车 | | 检车标准:全车漆面干净整洁、手感光滑;车蜡均匀,车身表面没有残蜡或打花;亮度和颜色均匀,漆面有镜面效果,在漆面上可清晰反映倒影 |

## 五、汽车打蜡注意事项

汽车打蜡的质量好坏,不但同车蜡的品质有关,而且同打蜡的作业方法关系密切,要做到正确打蜡,必须注意以下几点:

(1)掌握好上蜡的频率。由于车辆行驶的环境与停放场所不同,打蜡的时间间隔也应有的不同。一般通过目测或手触车漆,感觉发涩无光滑感就可再次打蜡。

(2)打蜡前应使用专业洗车液清洗车身。一定要用专业洗车液清洗车身外表的泥沙和灰尘,不能使用洗涤灵或肥皂水。因为洗涤灵或肥皂水含有碱性成分,会侵蚀车漆、蜡膜和橡胶,使其发生氧化,失去光泽。车辆清洗后要擦干,保证漆面干爽、无水分。

(3)在打蜡作业中,绝对要防止车漆被刮伤。打蜡作业中要求操作人员不得穿戴带有尖锐物的饰品、衣裤,以免刮伤车漆。

(4)打蜡时应在清洁、阴凉且无风沙的环境中进行。漆面过热或强烈阳光直射时不可打蜡,因为阳光的直射会使车身表面温度升高,车蜡附着能力下降,影响打蜡效果。如果打蜡场所及周围环境不清洁,沙尘会在车身上附着,不但会影响打蜡质量,而且极易产生划痕。

(5)打蜡时,应该用打蜡海绵按顺序在车体上直线往复进行,不可把蜡液倒在车上乱涂,一次作业要连续完成,不可涂涂停停。

(6)抛光作业要在规定时间内进行,切记不要刚打上蜡就抛光,要让车蜡能够在车漆表面有一定的凝固时间。车蜡的凝固参考时间一般为 5～10min,应灵活掌握。凝固时间随环境温度、湿度而不同;温度低、湿度大时凝固慢,温度高、湿度小时凝固快。同时,切记未抛光的车辆绝不允许上路行驶,否则再抛光,易造成漆面划伤。

(7)打蜡时,若打蜡海绵上出现与车漆相同的颜色,可能是漆面已破损,应立即停止打蜡,在清除掉褪色和氧化漆后,才能进行打蜡作业。

(8)涂蜡时尽量采用专用的打蜡海绵或软质的不脱毛的毛巾进行均匀涂抹。打蜡海绵或毛巾使用前必须保持干净,每次用完后必须清洗干净,放在阴凉处风干。

(9)不要往车窗和风窗玻璃上涂蜡,否则玻璃上形成的油膜很难清除掉。

(10)抛光结束后,要仔细检查,清除厂牌、标识内空隙及钥匙孔周围、纤细的边缘或转角部分、板件之间,橡胶密封条、车牌、车灯、门边等处残存车蜡,防止产生腐蚀。

# 课题 4　汽车漆面研磨、抛光

研磨与抛光是汽车车身漆面美容护理中最重要的内容,它可以有效地去除车漆表面的浅划痕、水印、失光等缺陷,恢复车身漆膜亮丽的色彩。但是建议不要经常使用,因为每次进行研磨抛光处理都会使漆层变薄,最终导致漆层磨穿,只能靠重新涂装来补救,费用太大。同时,研磨与抛光也是在用车打蜡、封釉前的一步关键步骤。

漆面研磨/抛光是通过抛光机并配合研磨/抛光剂在车身漆面高速旋转产生摩擦,以去除漆膜表面氧化层、轻微划痕等缺陷所进行的作业,如图4-4-1所示。

图4-4-1　研磨/抛光

## 一、研磨抛光的方式

研磨/抛光根据选用的研磨/抛光剂的品种不同,可分为物理研磨/抛光、物理+覆盖研磨抛光和延时破碎抛光三种方式。

**1. 物理研磨/抛光**

物理研磨/抛光采用的研磨颗粒呈不规则菱形状,有粗中细之分,去氧化层和划痕效果相当不错,是市面上主流的研磨抛光材料。带棱角的粗研磨剂切削力大,往往会造成二次细微划痕,需要用更细的研磨剂多次研磨予以去除,程序复杂。这种研磨产品和技术,对车漆的损伤最大,让漆面过度依赖抛光打蜡,清漆层会越抛越薄。

### 2. 物理 + 覆盖研磨/抛光

采用此种研磨/抛光产品会大大提高工作效率,刚抛完的粗中划痕消失,有光亮效果,但在太阳光下有明显细微划痕和旋光,原因是部分划痕被蜡或树脂油性成分填补,而非真正去除;油性过大,抛光盘行走纹路易产生旋光。这种抛光方式极易在洗二三次车后划痕重现,具有较强的欺骗性。

### 3. 延时破碎研磨/抛光

延时破碎研磨/抛光采用的研磨剂呈玻珠圆状,不会造成二次研磨划痕,同时研磨/抛光时漆面的温度相比其他两种方式较低;当抛光盘高速运转与研磨剂产生一定的温度时,研磨颗粒会瞬间破碎,形成更细颗粒,有效地对细微深层抛光,一步到位,越抛越亮。这种抛光技术即保证了效果,也最大限度地降低了抛光对漆面的伤害,同时这类研磨剂不含蜡或树脂油性成分,抛出的光泽是漆面深邃的原漆光泽,冷光质感令人惊艳。

## 二、汽车漆面抛光工具与材料

### 1. 纯棉毛巾

纯棉毛巾具有柔软、防静电的特点,用来遮蔽或擦拭车身,对车身无任何损伤,且能提升车身的光泽度,如图 4-4-2 所示。

### 2. 抛光海绵轮

抛光海绵轮质地柔和,易控制抛光程度,较全棉轮、混纺毛轮对操作的技术要求相对较低,适合做清漆的研磨及抛光,如图 4-4-3 所示。

图 4-4-2　纯棉毛巾　　　　　　图 4-4-3　抛光海绵轮

### 3. 喷壶

抛光时应不断保持抛光盘和漆面处于常温状态,在漆面温度升幅超过20℃时,应使用喷壶对抛光漆面喷水降温,如图 4-4-4 所示。

### 4. 打磨板

打磨板用于手工去除流挂、尘点、划痕等相应的漆面缺陷。在使用时配合水磨砂纸去除相应缺陷,为抛光打下良好的底材基础。打磨板有不同的尺寸和形状,且质地软硬不同,使用时需根据缺陷种类及面积大小进行合理选用,如图 4-4-5 所示。

### 5. 水磨砂纸

操作人员检查完漆面缺陷后,首先需要使用 P1000 ~ P3000 号的水磨砂纸对缺陷处进行研磨,如图 4-4-6 所示。

图 4-4-4 喷壶

图 4-4-5 打磨板

图 4-4-6 水磨砂纸

### 6. 卧式抛光机

卧式抛光机主要优点在于操作方便,使用寿命长,抛光效果好,如图 4-4-7 所示。

### 7. 研磨抛光剂

研磨抛光剂也称抛光蜡,可以分为粗蜡、中粗蜡以及细蜡,用水砂纸对涂膜缺陷研磨后首先使用粗蜡进行研磨抛光,粗蜡处理完成后缺陷处恢复光泽;中粗蜡是为了消除粗蜡抛光时候所产生的痕迹;细蜡则是为了获得更加良好的漆面效果,如图 4-4-8 所示。

图 4-4-7 卧式抛光机

图 4-4-8 抛光蜡

## 三、汽车漆面抛光工艺

汽车漆面抛光主要分为车身清洁、缺陷检查、缺陷打磨、粗抛、细抛、清洁检查等步骤,详见表 4-4-1。

汽车漆面抛光工艺 表 4-4-1

| 步 骤 | 施 工 照 片 | 工 艺 要 求 |
|---|---|---|
| 清洁 |  | 用专用清洁剂清洗车身,车身缝隙都需清理干净。在清洗完成后需要擦干车身,便于查找车漆表面的缺陷 |

| 步　骤 | 施工照片 | 工艺要求 |
|---|---|---|
| 缺陷检查 | | 仔细查找涂层表面存在的划痕、失光等缺陷,并做好标记,防止遗漏 |
| 缺陷打磨 | | 选择合适的打磨工具和砂纸打磨缺陷及附近区域,使缺陷部位和周边区域纹理一致。<br>　　根据划痕的大小和深度,选用适当的打磨材料,如P1500~P3000号水砂纸、9μm的磨片或美容泥对刮伤的表面层进行打磨。打磨一般采用人工作业,也可以用研磨机(抛光机或打磨机)进行打磨抛光。打磨时要注意不能磨穿漆面层,如漆面层被磨穿,透出中涂漆层,则必须重新喷涂漆面进行补救 |
| 粗抛 | | 抛光机配合橙色抛光盘和粗蜡进行粗抛光。将适量粗蜡挤于抛光盘并涂抹均匀,粗抛时抛光机转速调整至1500~2000r/min,同时控制好移动速度,不能在同一点停留时间过长,否则会导致漆面过热,使漆面抛穿 |
| 细抛 | | 细抛前需去除车身残留的粗蜡。<br>　　抛光机配合黑色海绵轮和细蜡进行精细抛光。将适量细蜡挤于抛光盘并涂抹均匀,细抛时抛光机转速调整至2000~3000r/min,同时控制好移动速度,匀速移动 |
| 清洁检查 | | 抛光处理结束后对车辆彻底清洗,防止抛光剂残留,并检查抛光处理效果 |

### 四、汽车漆面研磨、抛光的注意事项

（1）漆面研磨抛光需要使用专用的研磨抛光剂，并根据漆面损伤的情况合理选用。深切研磨剂是切削能力最强的研磨剂；中切研磨剂是较柔和的研磨剂，切削能力适中；微切研磨剂是柔和的研磨剂，切削能力最小。

（2）在抛光前要对车辆进行彻底清洁，以免遗漏缺陷部位，并防止车身附着的沙尘破坏车漆，造成划痕。

（3）对于细微且小面积缺陷一般使用手工研磨抛光，如遇较严重且大面积缺陷时候，可以选用机械进行研磨抛光。

（4）无论是采用手工抛光还是机械抛光，都应注意抛光路线，应以车身纵向平行线为准往复运动，每次抛光面积不要超过 50cm×50cm，抛光轨迹之间须覆盖 1/3。切记不可胡乱刮擦或作环形运动。

（5）使用抛光机前先检查抛光盘是否与托盘黏结牢固、螺钉是否拧紧、是否对在中心位置。抛光盘要保持清洁，随抛随清理。抛光时注意控制好抛光机的转速。

（6）抛光时，需要将抛光处进行湿润，以免抛光机转速过快，产生的高温易使得抛光蜡结成块，且容易造成不可消除的痕迹。同时，还需避免在同一处停留时间过久，造成漆面损伤。

（7）研磨抛光剂要涂在抛光盘接触面中间，用量适中，不要过多。

（8）抛光盘与被抛面的倾角应小于 30°，并遵循分块施工，从上而下，从左至右的路线移动原则。

（9）抛光时眼睛要始终观察漆面抛光后的效果和即将抛光的漆面状态。

（10）抛光过程中需要佩戴好相关的个人安全防护用品。

## 课题 5  汽车漆面封釉

汽车漆面封釉是依靠振抛技术，用柔软的羊毛或海绵通过振抛机的高速振动和摩擦，利用釉特有的渗透性和黏附性把釉分子强力渗透到汽车表面油漆的缝隙中，使其形成一层坚固的网状结构覆于汽车漆表面，使车漆也具备釉的特点，提高原车漆面的光泽度、硬度，从而使车漆能更好地抵挡外界环境的侵袭，有效减少划痕，保持车漆亮度，从而起到美观和对车漆保护的作用。

### 一、汽车漆面封釉的保护原理

首先釉能将车漆与外界环境隔绝，有效地抵御温度对车漆造成的影响，漆面的硬度也可以得到大幅度的提高，并防止车漆被氧化、腐蚀；其次漆面封釉的产品内含紫外线反射剂，能使车漆不再被辐射褪色；另外，釉表面不粘、不附着的特性，使得漆面即使在恶劣和污染的环境中也能长久保持洁净，不吸附灰尘，可减少洗车、抛光的次数，最大限度地降低车漆的损伤。

### 二、汽车漆面封釉产品与工具

**1. 车釉**

车釉类产品具有超晶亮、强封固、温度适应性强、使用方便等特点，以卓越的品质和合理

的价格面市,是广大汽车美容店和车主最理想的选择!车釉具有极强的渗透力和良好的亲和力,呈现镜面的光泽和丝绸般闪光的质感,抗氧化能力强,耐酸、耐碱,光泽度保持时间长,被行家誉为汽车美容行业的珍品,如图4-5-1所示。

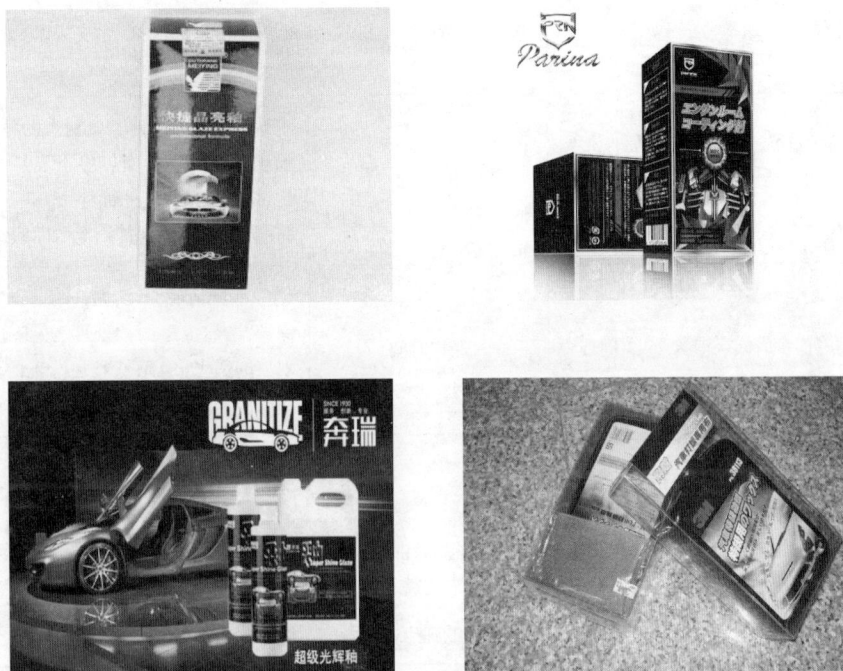

图 4-5-1　常见的车釉

1)釉的上光和护理原理

釉是一种采用现代科学技术精制而成的水晶玻璃状液体,经施工(封釉)后能在漆面的硬表面上形成一层坚固的水晶玻璃类晶亮保护膜。

2)"封釉"与"整车封釉"的概念区分

由于在表面形成的水晶薄膜坚固又光亮,与日常所见的瓷器表面上"釉"分子式相近,质感相同,具有良好的密封性,所以称为"封釉",对汽车的整体表面进行封釉称"整车封釉"。

**2. 封釉的工具**

封釉过程中主要用到研磨抛光机和封釉机,封釉机在封釉时其转速一般控制在1000～2000r/min,如图4-5-2所示。

**3. 釉与蜡的区别**

釉与蜡的区别详见表4-5-1。

图 4-5-2　封釉机

釉 与 蜡 的 区 别　　　　表 4-5-1

| 蜡 | 区 分 项 目 | 釉 |
|---|---|---|
| 聚乙烯乳液或硅酮类高分子化合物,并含有油脂成分 | 组成不同 | 含有利用特殊工艺提炼出"Tempera-Flex"专利素,具有不溶于水、不怕火、不怕酸的特性 |

续上表

| 蜡 | 区分项目 | 釉 |
|---|---|---|
| 汽车打蜡所使用的蜡都易溶于水 | 水溶性 | 封釉不溶于水,因此做完封釉后,不用担心被水溶解的现象发生,可以长期保护汽车漆面 |
| 汽车打蜡都要先洗车后打蜡,频繁的洗车自然会对汽车漆面造成危害,久而久之就会使之变薄 | 漆面保护 | 封釉是采用一种类似纳米的技术,使流动的釉体在汽车漆面表层附着并以透明状硬化,相当于给汽车漆面穿上一层透明坚硬的"保护衣",起到保护汽车漆面的作用 |
| 汽车打蜡后,保护时间一般为2~3周 | 保护时间 | 整车封釉后为漆面提供一年左右的瓮中保护,增加了漆面的硬度,减少了车身表面划痕的产生,避免了经常洗车的烦恼,汽车表面的灰尘也很容易擦拭 |

## 三、漆面封釉施工流程

封釉的施工流程大致分为精细洗车、遮蔽、研磨抛光、上釉、抛釉五个步骤,详见表4-5-2。

封釉的施工流程

表4-5-2

| 步　　骤 | 施工照片 | 工艺要求 |
|---|---|---|
| 检查车身及洗车 |  | 首先检查车身有无掉漆、凹点等现象,并请车主确认。然后用高压水枪清洗车身的沙尘,再使用专用清洁剂去除污物 |
| 擦车 | 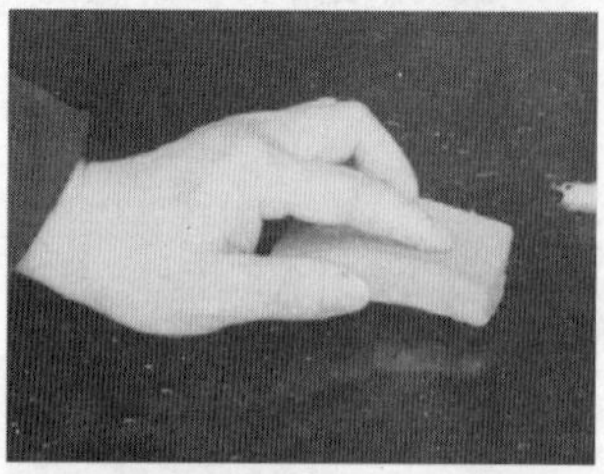 | 用水浇湿车身,用洗车泥在车身上慢慢擦动,将漆面黏附物清除干净,防止抛光时损坏漆面。洗车泥表面弄脏后,将脏面揉搓到内部,保持洗车泥表面干净 |
| 遮蔽 |  | 将车洗好擦干后,用美纹胶带把车身上所有橡胶密封条、车标、字母和饰条等保护起来,避免抛光时被抛花 |

续上表

| 步　骤 | 施工照片 | 工艺要求 |
|---|---|---|
| 研磨抛光 | | 选用合适的研磨抛光剂对漆面进行抛光。新车可直接用镜面蜡抛光一遍即可封釉；在用车根据车漆情况选用合适的研磨抛光剂进行粗抛，最后使用镜面蜡处理 |
| 冲洗 | | 抛光后车身表面会残留有研磨抛光剂，需用清水冲洗去除后将车身擦干 |
| 涂抹釉剂 | | 将釉剂充分摇匀后倒适量釉于车漆表面，面积约30cm×30cm即可 |
| 封釉 | | 用振抛机横竖交叉来回封三遍，按顺序进行直至整车封釉完毕。振抛机转速为1000~2000r/min，每次封釉用一瓶釉剂 |
| 清洁检查 | | 整车封釉完成后即可用柔软的超细纤维毛巾将车身、边角缝隙处多余的釉剂擦净，将美纹胶带撕下，并对全车进行检查 |

## 四、封釉的注意事项

(1)封釉的次数可根据漆面状况和客户要求而定,如重复封釉 2~3 次,可增加水晶膜的强度和亮度,可提高抗氧化能力和耐磨性能。

(2)封釉后,在 8h 内应避免用水冲洗,并注意防止雨淋。因为在这时间内,釉层未完全凝结还将继续渗透,冲洗会冲掉未凝结的釉。

(3)如需让娇嫩的釉面(膜)迅速固化增加强度,可用红外线灯,离釉面 10cm 左右的距离来回移动烘烤 10~15min,即可起到脱水固化,增加强度的作用。

(4)做完封釉后的车辆不要打蜡,因为蜡层可能会黏附在釉层表面,再追加上釉时会因蜡层的隔离而影响封釉效果。

(5)封釉后要尽量避免洗车,一般的灰尘用干净柔软的布条擦去即可。如需洗车最好不要到电脑洗车房洗车,也不要使用碱性洗涤剂清洗。

# 单元五
## 汽车喷漆快修与特效喷涂

## 课题 1 汽车喷漆快修与特效喷涂简介

车主都希望自己的爱车能够看上去同新车一样,但如果汽车漆面遭受刮擦或受到其他因素影响,导致漆面无法通过打蜡、抛光等方法恢复原有状态时,就会严重影响汽车的美观。

与此同时,随着汽车的保有量不断增加,私家车已成为人们的代步工具,开始享受汽车这种交通工具带来的便利。人们在物质财富满足的情况下,精神财富的追求也逐日提高,在这样的诉求下,展现汽车独特的个性魅力,促使着汽车特效喷涂行业的火爆发展。

### 一、汽车喷漆快修

所谓汽车喷漆快修即指在较短的时间内,利用车身涂装技巧,对车辆受损轻微的板件,通过驳口或整板喷涂的工艺对漆面进行修复。

一般情况下,进行汽车喷漆快修时建议满足以下几点要求:

(1)维修面幅在 2 个面以内。

(2)板件损伤轻微,无须钣金整形。

(3)单面原子灰填补区不大于 A4 纸。

(4)可在 90～120min 作业时间内完成。

(5)维修方式以驳口过渡修补或整板喷涂为主。

**1.汽车喷漆快修发展现状**

车身漆面受到轻微创伤的比例高达 100％！市场巨大,没有淡旺季差别,利润还是相对可观。随着汽车保有量的大幅度增加,传统的 4S 店已无法再独揽利润。正是在这种环境下,汽车喷漆快修服务正迅速占领市场,填补了国内汽车漆面快修行业的空白。

**2.汽车喷漆快修服务的优势**

(1)正规汽车修理厂都有一套复杂的程序,从进厂、检测、修理到最后结账,需要很多手续,跟许多人打交道。而汽车喷漆快修服务能做到客户随到随修,一个工人跟踪到底。目前,汽车喷漆快修规定的修理时间一般不超过 2h。

(2)大型传统的维修店占地面积比较大,多数被建立在郊区,而快修店可以开设在居民小区,能为车主提供更方便快捷的服务。

(3)汽车喷漆快修店成本较低,店面管理费用较低,涂料由品牌商统一供应,而许多品牌商往往自身就是著名的涂料供应商。因此可以看出快修店的涂料品质也是非常高,同时在价格上又相对比较便宜,这也是大大吸引车主到来的原因。

(4)与传统维修店的杂乱相比较,汽车快修店店面干净,为等待修车的车主提供了一个良好的环境。

正是因为这些原因才会使得越来越多的车主倾向于汽车漆快修店,也使得越来越多的人开始从事这个行业。

## 二、汽车特效喷涂

汽车特效喷涂以体现车主的个性需求为目的,一般包含两层含义:

一是指利用汽车漆通过空气喷枪或喷笔,在车身上喷绘图案,也就是平常所说的汽车彩绘,如图 5-1-1 所示。

图 5-1-1　汽车彩绘

二是指在车身上喷涂特殊的涂料,以达到与众不同的效果,如喷涂彩虹漆等,如图 5-1-2 所示。

图 5-1-2　汽车特效漆

需要注意的是,无论采用哪一种方式彰显个性,都要符合国家的相关法规政策。

# 课题 2　汽车喷漆工具设备及材料

## 一、干磨设备

打磨是汽车喷漆维修中花费时间最多的作业,去除旧漆、打磨原子灰、中涂漆、旧漆面,加上抛光前打磨,所需花费的工时通常达 60% 左右,所以打磨的速度对喷漆维修的效率有至关重要的影响。

目前,采用干磨已是一个必然的趋势,因为它更有利于环保,更有利于操作人员的健康,且效率高,打磨速度能达到手工水磨的 2 倍以上。

### 1. 干磨系统的分类

按照吸尘系统的区别,干磨系统可分为移动式打磨系统、悬臂式打磨系统和中央集尘打磨系统 3 种常见的类型。

1)移动式打磨系统

移动式打磨系统可连接使用气动或电动打磨机及干磨手刨。移动方便,使用时要连接电源和气管,使用位置会受到电源、气管的位置影响,一旦较远,地面上的电源线、气管就会影响车辆移动及人员移动。

2)悬臂式打磨系统

悬臂式打磨系统其特点是电源线和气管都从空中的悬臂走,经悬臂下垂到打磨终端,延伸距离一般可达 6m,操作人员及车辆不会受到地面上的电源线及压缩气管影响。

3)中央集尘打磨系统

使用中央集尘主机集尘,一般每个中央集尘主机可连接 4~8 个打磨终端,每个打磨终端可同时接两个电动或气动打磨机及干磨手刨。

### 2. 打磨机

1)打磨机的分类及常用类型

打磨机根据动力分类有电动和气动;根据形状分类有圆形和方形;根据运动模式可分为单动作和双动作。

2)单动作打磨机与双动作打磨机的区别

单动作打磨机的打磨盘是作单向圆周运动,特点是切削力强,适合于除锈、除漆。使用该打磨机时不能把它平放在打磨面上,而要轻微倾斜,一般与工件表面应成15°～30°的角度较为合适。

圆形双动作打磨机的旋转轴为偏心轴,打磨盘沿偏心轴旋转时打磨盘会同时有双重运动,故称为"双动作",研磨效果比较均匀。双动作打磨机偏心距的大小有很多种,偏心距越大,就越适合于粗磨,常见偏心距有3mm、5mm、7mm等。不同偏心距的打磨机所适用的打磨作业范围见表5-2-1。

不同偏心距的打磨机所适用的打磨作业范围 表5-2-1

| 偏心距(mm) | 适用打磨 | 偏心距(mm) | 适用打磨 |
|---|---|---|---|
| 5～7 | 除漆,打磨羽状边,粗磨原子灰 | 1.5～3 | 抛光前打磨 |
| 3～5 | 面漆前打磨中涂漆、旧漆 | | |

3)方形打磨机

方形打磨机属于直线偏心运动打磨机,运动方式为沿着椭圆轨迹往复运动,其偏心距常见的有4mm和5mm。直线偏心运动打磨机各个部位的研磨力和切削力都比较均匀,不易产生打磨不均匀的缺陷,但由于研磨盘面积大,比较难以磨出较大的弧度,故一般用于较大面积平面部位的原子灰整平。

无论使用何种打磨机,为了避免打磨机高速运转状态下突然接触工件表面产生过大的冲击力造成较重的打磨痕迹,最好将打磨机放在工件表面上以后再起动。

4)托盘

安装在打磨机上粘连砂纸的打磨垫通常称为托盘。一般都为尼龙搭扣式,能快速、方便装卸砂纸。根据打磨机托盘硬度不同,可分为以下几种:

(1)硬托盘,用于相对较粗的打磨,如除漆、原子灰粗磨、羽状边打磨。

(2)半硬托盘,用于相对较细的打磨,如原子灰细磨、中涂漆前打磨、中涂漆后粗磨。

(3)软托盘。配合偏心距3mm的双动作打磨机使用,用于相对较细的打磨,如中涂漆后、面漆前的细磨。

**3.打磨手刨**

打磨垫板有很多种,通常把水磨用打磨垫板称为磨板;而干磨用打磨垫板配有吸尘管及尼龙搭扣以粘连砂纸,通常称为手刨。手刨主要用于原子灰的打磨作业,也可用于中涂漆之后的粗磨。

## 二、喷枪

**1.重力式喷枪的特点及应用**

重力式喷枪是汽车喷漆修补常用的喷枪,其枪壶安装在喷枪上部,所以通常称为上壶喷枪,如图5-2-1所示。

重力式喷枪在喷涂时,压缩空气会在空气帽处产生负压,涂料在负压和涂料的重力的作用下进入喷枪,在空气帽处得到雾化,并从喷嘴处喷出。枪壶的容量一般为600mL左右。底漆喷枪口径一般为1.6～2.0mm,面漆喷枪口径一般为1.2～1.5mm。

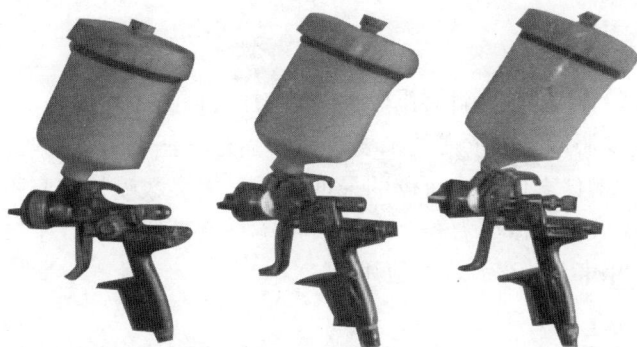

图 5-2-1　重力式喷枪

**2. 底漆喷枪和面漆喷枪的特点及区别**

喷枪椭圆形的喷幅一般有 3 层：最里面是湿润区，中间是雾化区，最外面是过度雾化区。

底漆喷枪用于喷涂防锈底漆、中涂漆，重点是要保证良好的填充性，故底漆喷枪的喷幅较为集中，喷幅的中心湿润区相对较大而周边的雾化区较小，面漆喷枪喷幅周边的雾化区比湿润区要更宽大且雾化精细度较高，如图 5-2-2 所示。

**3. 喷枪结构**

喷枪主要由枪体、喷嘴和空气帽等组件组成。枪体上有枪体手柄、空气调节旋钮、漆量调节旋钮、扇面调节旋钮、枪壶接口、扳机等，喷嘴部位有空气帽、喷嘴、枪针等。

扣下喷枪扳机时，空气阀先开放，压缩空气经由压缩空气通道到达空气帽各个气孔并高速喷出，再向下进一步扣下扳机时，喷嘴打开，涂料沿管道由喷嘴处喷出并雾化。

空气帽的作用是使压缩空气将涂料雾化成一定形状的漆雾。空气帽上有 3 种不同的孔，最中间为中心雾化孔，中心孔两侧为辅助雾化孔，犄角伸出部位的侧孔为扇幅控制孔，如图 5-2-3 所示。

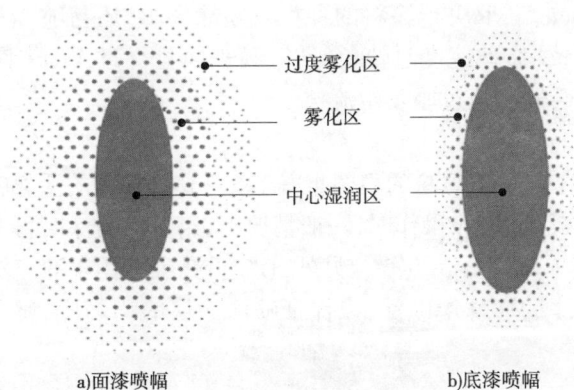

a)面漆喷幅　　　　　　　　b)底漆喷幅

图 5-2-2　面漆、底漆喷枪喷幅比较

图 5-2-3　空气帽

中心孔是位于喷嘴外侧的环形孔，当压缩空气喷出时，会产生负压吸出涂料；辅助孔可促进涂料的雾化，喷枪雾化性能的强弱主要由辅助孔决定。侧孔的作用是控制漆雾的形状，当扇面调节旋钮关上时，喷雾的形状是圆形，当扇面调节旋钮打开时，喷嘴的形状变成长椭圆形。

**4. 喷枪的调整**

1）喷枪压力的调整

喷枪压力过大或过小都会影响雾化效果及喷涂质量,喷涂不同类型的涂料或喷涂不同大小的工件,都需要参照产品要求或技术要求调节喷枪气压。最佳的喷涂压力是保证喷涂所需要的喷幅宽度和最佳雾化效果所需的最低压力。大多数喷枪本身不带有气压表,可以使用外接数字式气压表或机械压力表。有些喷枪本身就带有内置数字气压表,体积较小且易于读取气压值,近年来开始得到广泛应用。

2）扇面的调整

通过调节扇面旋钮可以调节喷幅(扇面)大小。将扇面控制旋钮旋紧到最小,可使漆雾的直径变小,形状变圆;将扇面控制旋钮完全打开,可使漆雾形状变成较宽的椭圆形。较窄的扇面(10～15cm)可用于局部维修,而较宽的扇面(20～25cm)则用于整板喷涂、整车喷涂等大面积喷涂。

3）出漆量的调整

调节漆量控制旋钮以调节所需的涂料流量,逆时针转动涂料控制旋钮会增大出漆量,顺时针转动涂料控制旋钮,会减小出漆量。

**5. 喷涂操作的注意要领**

1）枪距

喷枪要与工件表面保持15～20cm的距离,喷枪离得太近时,漆膜会过厚,容易导致流挂;如果喷枪离得太远,会使飞漆增多,漆膜较薄而粗糙,流平、亮度不佳、橘皮重。

2）角度

工件表面往往有各种弧度,喷涂时除了要保证合适的枪距外,还需保持喷枪与工作表面成90°角度。只是距离正确,未做到垂直,同样会导致涂层不均匀。

3）枪速

喷枪的移动速度在通常为70～110cm/s,取决于涂料的种类及喷涂要求,还与喷幅重叠有关。喷枪的移动速度要适中、稳定一致,移动速度过快,会使漆膜表面显得过干,流平性、光泽度、清晰度都较差;移动速度过慢,会使涂膜过厚发生流挂。

4）重叠

在喷涂操作中,每道喷涂的扇幅应与前一道喷涂的扇幅重叠1/2～3/4,常用的重叠幅度有1/2重叠、2/3重叠和3/4重叠。在实际的喷涂操作时,一般情况下,第1遍喷涂时可采用1/2重叠,第2遍、第3遍喷涂时可采用3/4或2/3重叠。另外,1/2重叠也常用于底色漆效果层的雾喷、高难度银粉漆喷涂及三工序的珍珠层喷涂,以保证喷涂涂层的均匀度,避免产生起云、发花等缺陷。

## 三、干燥设备

**1. 喷烤漆房**

汽车喷烤漆房是进行汽车漆喷涂、烘烤作业的专用设备。在汽车喷漆修补中所用的烤漆房烘烤温度只需达到60～80℃即可。

目前使用的烤漆房一般采用气流下行式,即空气从上部进入,经过车顶向下从车身两侧的排气地沟排出。经过滤后,干净、干燥、适温的空气在流过车身时不会带入灰尘,并连同飞扬的漆雾也一同向下吸走,防止飞漆污染新涂的漆面。气流下行式烤漆房减少了喷涂操作人员可能吸入的飞漆和溶剂蒸气,有利于喷漆工的身体健康。喷烤漆房使用时应注意以下几点要求:

(1)车辆进入烤房前必须清洗干净。

(2)不得在烤房内打磨车辆。

(3)严禁在烤房内吸烟和使用明火。

(4)定期对墙板上的污垢和漆渣进行清洁。为了高效保护墙板、高效清洁,可喷涂可剥型保护膜,照明灯罩和玻璃视窗上喷涂透明型保护膜,墙壁上喷涂白色保护膜。

**2. 短波红外线烤灯**

移动式短波(即近红外)红外线烤灯电能辐射转换效率高达96%以上,能快速对原子灰、底漆和面漆升温加速干燥,且使用方便,故在汽车喷漆维修过程中应用广泛。

1)移动式短波红外线烤灯的使用方法

(1)设置合适的烘烤距离。红外线烤灯使用时应保持灯头与被烤工件表面平行,灯头与被烤物面距离一般在60~80cm。有些红外线烤灯的烘烤距离可以近达25cm,具体需参照产品使用说明书。距离过近可能使工件升温过快过高导致溶剂泡或针孔,但距离过远则会降低烘干速度,导致辐射能源浪费。

(2)打开电源开关,使用中不能触碰灯头,也绝对不能用手或金属物体通过格栅去触碰红外线烤灯灯管。

2)红外线烤灯的维护要点

(1)更换、安装灯管,必须确保红外线烤灯断开电源。

(2)石英管上的污染物有可能会引起石英管局部过热,这会导致石英管损坏乃至爆裂。清理灯管时首先需要确保断开电源,其次,因为手上的汗液、脂肪会污染石英管,故应佩戴乳胶手套,用干净的软布和酒精擦除污染物。

## 四、压缩空气供给系统

压缩空气供给系统是指从空气压缩机到车间各工位压缩空气供气点的设备和各种装置及管路的组合,包括空气压缩机、储气罐、冷冻干燥机、油水分离器、固定管道、橡胶软管、接头、阀门等。压缩空气供气系统要能确保耐压,不泄漏,不会导致大的不必要的压降浪费成本,还要确保压缩机空气的纯净、干燥,故设备配置及管路布置都非常重要,需要专业的公司进行配置及设计。

**1. 空气压缩机的种类**

目前常用的空气压缩机有两种,即往复活塞式空气压缩机和螺杆式空气压缩机。

(1)往复活塞式空气压缩机利用活塞的往复运动来压缩空气,其气量中等,性能随使用时间而较快减退,机油或油蒸气可能会进入压缩空气管路。

(2)螺杆式空气压缩机通过两个转子的高速运动产生压力,气压气量恒定、噪声小、气量大、空气清洁、节能高效,其工作效率和可靠性很高,故近年来已得到普及,并逐步取代了往复活塞式空气压缩机。

**2. 空气压缩机配套设备**

1）储气罐

储气罐相当于一个蓄能装置,空气压缩机输出的压缩空气要先进入储气罐暂时储存,随着气动工具的使用,储气罐内的压缩空气不断消耗,当储气罐内的压力降到一定值时,空气压缩机就会重新起动并向储气罐供气。所以储气罐能起到稳定压力和保证气量的作用,能减少压缩机的运转时间,从而延长压缩机的使用寿命。

2）冷冻干燥机

经空气压缩机压缩的空气,温度高达 100 ~ 150℃,只有压缩空气降温到露点以下,混合在压缩空气中的油和水才能变成水滴和油滴,从而容易过滤并排放。由于储气罐能够起到一定的散热作用,因此空气压缩机可先连接储气罐然后连接冷冻干燥机以除去压缩空气中的油分及水分。

3）油水分离器

压缩空气经过储气罐和冷冻干燥机的过滤和分离后,只含有非常少量的水、油及微粒,但这些水分、油分及微粒还是有可能会在喷涂时导致涂膜产生质量问题。为确保获得高质量的喷涂效果,必须在支供气管和橡胶软管之间安装油水分离器。压缩空气通过油水分离器的引流板、离心器、膨胀室、振动片和过滤器的作用,将油、水和微粒从高压气体中分离出来,并通过自动或手动排水阀排出,以确保压缩空气清洁、干燥,保证打磨、喷涂质量。

通常供打磨、除尘的普通工位可安装单节油水分离器;供喷漆的工位可安装双节油水分离器或三节油水分离器。

4）供气管路

(1)供气主管应在车间上方设置为环形,以保证各处的压力均衡稳定,管径需要根据压缩空气用量计算确定;主管逐步向排水端倾斜,倾斜度为 1/100,并在排水端设自动排水阀,以利于管道内分离、积累的油和水的排放。

(2)供气支管应从供气主管上方以倒 U 形分出、下垂至工位所需高度,这样可防止主管中的水分进入供气支管;管内径同样需要根据压缩空气用量计算确定。

(3)橡胶软管内径应达到 8 ~ 10mm,其材质要求柔软易弯曲、防静电和不含硅。橡胶软管长度每增加 5m,就会导致 0.02 ~ 0.035MPa 的压力降,因此建议长度不要超过 10m。

## 五、汽车喷漆主要耗材

汽车喷漆主要耗材见表 5-2-2。

汽车喷漆主要耗材 表 5-2-2

| 材料名称 | 图示 | 说明 |
|---|---|---|
| **1. 遮蔽材料** | | |
| 专用遮蔽纸与裁纸机 | | 专用遮蔽纸配合裁纸机使用,能同时安装几种不同宽度的遮蔽纸,以按需选取;遮蔽纸与遮蔽胶带自动黏结,无须专门黏胶带;每个安装部位都配有剪切器,使用时可按需裁取所需长度,避免浪费,省时省力 |

| 材料名称 | 图　示 | 说　明 |
|---|---|---|
| 专用遮蔽膜 | | 专用遮蔽膜一般是由聚乙烯、聚丙烯等材料制成的很薄的薄膜，其宽度比遮蔽纸宽，比较适合于大面积遮蔽。专业遮蔽膜应具备以下特点：<br>（1）能够防止溶剂渗透；<br>（2）能够防止漆尘脱落或涂料干燥以后脱落损坏未干漆面；<br>（3）不会产生静电吸附灰尘；<br>（4）能够耐60~80℃高温烘烤 |
| 水性遮蔽膜 | | 水性遮蔽膜是一种新型遮蔽材料，最主要优点是可以直接用喷枪喷涂在需要遮蔽的部件上，方便高效。<br>喷涂的水性遮蔽膜是透明的，它可以提前喷涂在前风窗玻璃及轮胎上，不影响车辆移动，抛光完工后正常洗车，即可连同包住的灰尘，表面的飞漆、飞蜡一并清除，从而大大减少遮蔽、清洁工作量 |
| 普通纸质胶带 | | 普通纸胶带有多种宽度可选，可满足大部分的遮蔽需要。去除遮蔽胶带，应在汽车烘烤后，烤漆房室温降低至技术人员可操作，但车体还有较高余温时操作，这样既可以轻松地移除遮蔽胶带，又不会残留黏合剂在车身上 |
| 缝隙胶带 | | 它是用聚氨酯泡沫体加入黏合剂而制成的，呈圆柱形，能高效完成工件之间缝隙的遮蔽，防止涂料喷入缝隙，防止形成喷涂台阶。缝隙胶带有不同的尺寸，可根据缝隙大小选择合适粗细的胶带。使用时应将胶带均匀贴在缝隙边缘处，不可突出或缩入缝隙边缘 |
| 车窗密封条遮蔽胶带 | | 用于密封条与喷漆边界的分隔。使用时，将硬塑料插入密封条下面，再把胶带反向拉起粘贴在玻璃或饰条上，使车身与密封条之间形成一个缝隙，油漆就可以喷涂到密封条下面，喷涂完成撤走胶带时，密封条在其本身弹性作用下能够重新恢复原状，则喷涂的面漆边缘完全可以被密封条遮挡，不会有漏喷或者边缘不齐整的现象发生 |

| 材料名称 | 图　　示 | 说　　明 |
| --- | --- | --- |
| **2. 打磨材料** | | |
| 干磨砂纸 | | 　　欧洲标准 FEPA 是汽车喷漆行业最常见到的砂纸分级系统，特征是砂纸号的数字前加了字母"P"。无论是哪种标准，干磨砂纸都是号码越大砂纸越细，使用时从粗到细，以相差不超过 100 号的砂纸循序渐进。<br>　　不同的研磨工序选用打磨工具及配套砂纸可参考表 5-2-3 |
| 菜瓜布 | | 　　菜瓜布是将研磨颗粒黏附在三维纤维上制成的，因此有很好的柔韧性，适合打磨外形复杂或特殊材料的表面，可用于塑料件喷涂前打磨表面，中涂漆喷涂前、面漆喷涂前打磨漆面。由于菜瓜布表面疏松多孔，每次干磨结束前都可以使用打磨机和菜瓜布最后打磨一遍工件，这样可以更好地利用干磨系统的吸力把表面的打磨粉尘吸附干净 |
| **3. 清洁材料** | | |
| 除油布 | | 　　喷漆前应使用不会掉落纤维也不会产生静电，抗拉强度高不易碎的无纺布或聚酯纤维除油布。需注意产品说明，有些除油布只能用于溶剂型除油剂，不能用于水性清洁剂，防止用错 |
| 粘尘布 | | 　　由于静电的原因，喷涂车辆前，工件表面会落有一些细微灰尘、纤维，用除油布除油、清洁无法除去，吹尘枪也无法吹除干净，故要使用粘尘布，利用其黏性粘除这些细微灰尘、纤维 |

续上表

| 材料名称 | 图　示 | 说　明 |
|---|---|---|
| **4.油漆及其辅料** | | |
| 清洁剂 | | 　　清洁剂用于清洁车身件表面残留的油渍和污渍,以提供清洁的喷涂底材,防止产生漆膜缺陷。<br>　　施工方法:干湿两块除油布配合清洁,先湿后干 |
| 原子灰 | | 　　原子灰是一种含有大量体质颜料的膏状涂料,专用于填平被涂装表面的缺陷。一般采用刮涂的方式施工,干燥后可打磨整平,以获得平滑的涂装表面。<br>　　使用时需严格按照产品要求添加适量的固化剂,并将其混合均匀 |
| 底漆 | | 　　底漆是直接涂布在经表面预处理的底材表面的第一道漆,可提供良好的附着力和耐腐蚀能力。<br>　　底漆选用应根据被涂底材的类型、涂层体系以及与之配套的中涂漆的品种决定,如果选用不当会引起"咬底"或剥离等漆膜缺陷。<br>　　目前所使用的底漆大多数为双组分涂料,使用时需将底漆、固化剂、稀释剂按产品说明进行混合 |
| 中涂漆 | | 　　中涂漆是一种含有较多体质颜料的涂料,用于填补被涂物表面的细小缺陷,为面漆提供良好的基底。<br>　　中涂漆一般喷涂2～3层,每层之间需要留有一定的闪干时间,干燥后可打磨。<br>　　双组分的中涂漆填充性能好,使用时需将中涂漆、固化剂、稀释剂按产品说明进行混合 |
| 色漆 | | 　　为漆膜提供颜色,增强漆膜的力学性能、化学性能而在漆料中添加各种颜料及填料制成的涂料称之为色漆。<br>　　色漆涂于底材时,形成的漆膜能遮盖底材并具有保护、装饰性能 |

| 材料名称 | 图示 | 说明 |
|---|---|---|
| 清漆 | 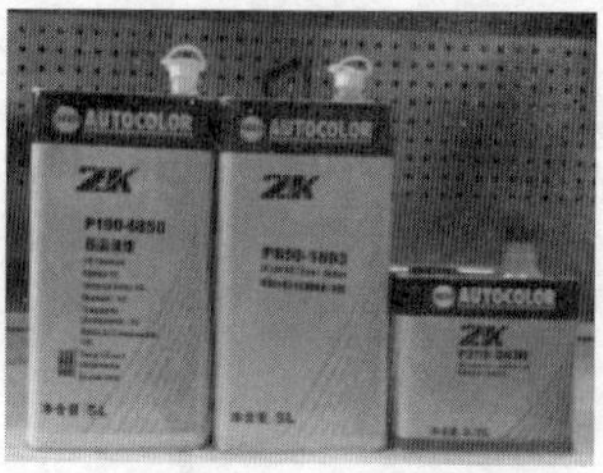 | 清漆是不含颜料的透明或带有淡淡黄色的涂料,具备减少紫外线照射的保护功能,只要清漆层完好无损,它可有效延缓色漆的老化。清漆一般喷涂2层,每层之间需要留有一定的闪干时间。<br><br>目前汽车喷漆修补所使用的清漆都为双组分涂料,使用时需将清漆、固化剂、稀释剂按产品说明进行混合 |
| 固化剂 |  | 固化剂是双组分涂料的重要组分之一,其作用是与涂料中的树脂产生交联反应,使涂料形成网状的分子结构。<br><br>固化剂应严格按照涂料使用说明选用和添加,用错或用量不当都会造成漆膜缺陷 |
| 稀释剂 |  | 稀释剂对于特定的树脂不会起溶剂的作用,但可以减少溶剂和产品的消耗,其作用为稀释树脂及分散颜料,使涂料易于施工。<br><br>稀释剂应严格按照涂料使用说明选用或添加,用错或用量不当都会造成漆膜缺陷 |
| 打磨指示剂 |  | 打磨时为了更好地判断打磨的程度,应在原子灰和中涂漆部位涂上打磨指示剂。<br><br>打磨指示剂即在需要打磨的涂层上薄薄擦涂一层其他颜色的颜色层,意在使打磨时打磨到的区域与未打磨到的区域在颜色上有一定的区分,以有利于观察打磨的程度 |
| 过滤网 | 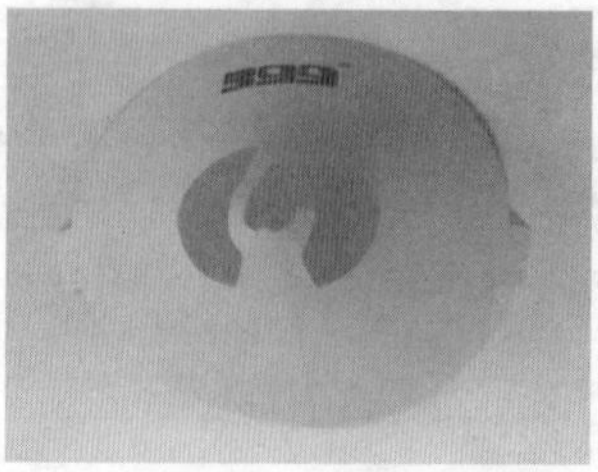 | 涂装作业中,常用纸质漏斗型的过滤网滤除涂料中的杂质。使用时需根据涂料种类选用不同目数的过滤网 |

不同的研磨工序选用打磨工具及配套砂纸可参考表 5-2-3。

**不同的研磨工序选用打磨工具及配套砂纸**　　　　表 5-2-3

| 干 磨 工 具 | 干 磨 工 序 | | | | |
|---|---|---|---|---|---|
| | 清除旧涂层 | 研磨羽状边 | 研磨小面积<br>原子灰 | 研磨大面积<br>原子灰 | 研磨中涂漆 |
| 7 号、5 号干磨机 | P80 | P120 | P80 P120 P180 | — | — |
| 3 号干磨机 | — | — | — | — | P320 P400 P500 |
| 手刨 | — | — | P120 P180 | P120 P180 | — |
| 轨迹式 | — | — | — | P80 P120 P180 | — |

# 课题3　汽车喷漆安全与防护

　　在汽车喷漆的整个过程中,会产生许多影响人体健康的不利因素,如涂装使用的除锈剂、除油剂、除漆剂、打磨粉尘、涂料溶剂、稀释剂、固化剂或各种添加剂等,有的具有较强的腐蚀性,有的则会产生有害气体或粉尘,直接侵害涂装操作人员的身体健康或对自然环境造成污染。这就要求做好卫生与防护工作,改善工作条件,避免有害物质危害职工的身体健康和防止职业病。

## 一、涂料的危害

　　涂料内的颜料可能含有铅、铬、镉、铁等重金属,其中铅对神经系统、血液系统、肾脏系统、生殖系统有危害;铬对呼吸道、消化道、皮肤溃伤、鼻中膈穿孔有影响;镉会影响呼吸道病变、肾脏系统;有机溶剂可能含有或包括甲苯、二甲苯有机溶剂,对中枢神经、皮肤、肝脏等有影响;树脂可能是合成的物质,会造成呼吸道过敏、皮肤过敏;二液型烤漆的硬化剂可能含有异氰酸盐,它会刺激皮肤、黏膜,以及造成呼吸器官障碍。

　　在涂装施工中,还会遇到粉尘、漆雾等有害物质,所以在工作中一定要做好安全防护。

## 二、个人防护用品

　　为了保证在施工过程中个人的人身安全,必须使用以下个人防护用品,详见表 5-3-1。

**个 人 防 护 用 品**　　　　表 5-3-1

| 名　　　称 | 作　　　用 | 图　　　示 |
|---|---|---|
| 1. 护目镜 | 防止稀释剂、固化剂或油漆飞溅,以及磨灰对眼睛造成伤害 | |

| 名　称 | 作　用 | 图　示 |
|---|---|---|
| 2. 防尘口罩 | 可以防止打磨灰尘被吸入，仅用于打磨作业时佩戴。喷漆时，不能用它代替防毒面具使用 | |
| 3. 过滤式防毒面具 | 对于喷涂磁漆、硝基漆以及其他非氰化物的油漆时，可以佩戴过滤式呼吸保护器。过滤式呼吸保护器的维护主要是保持清洁，定期更换过滤器和滤筒。当出现呼吸困难时应更换前置过滤器；每周更换一次滤筒；定期检查面罩保持良好密封性能 | |
| 4. 供气式面罩 | 可以防护吸入氰酸盐漆蒸气和喷雾引起过敏的装置，供气式呼吸保护器由一台小型无油空气泵来供给空气 | |
| 5. 棉纱手套 | 它具有止滑、耐磨损、耐戴、抗割，穿戴舒适，避免双手受到伤害 | |
| 6. 耐溶剂手套 | 为防止溶液、底漆及外层涂料对手的伤害，应佩戴安全手套进行操作。洗手时选用适合的清洁剂，千万别用稀料洗手 | |

续上表

| 名 称 | 作 用 | 图 示 |
|---|---|---|
| 7. 防静电喷漆服 | 为了保证喷漆时产生的大量漆雾和挥发溶剂不会穿透工作服从而刺激皮肤或者经过人体毛孔、汗腺进入身体,喷漆时需穿着能够防止溶剂、漆雾渗透,同时不会产生静电,不会吸附灰尘,也不会脱落纤维的工作服,从而在保证喷涂质量的同时保护身体免受伤害 | |
| 8. 安全鞋 | 穿带有金属脚尖衬垫及防滑的安全工作鞋。金属脚尖衬垫可以保护脚趾不受落下的物体碰伤 | |

## 三、防护用品的使用

在不同的施工工序中,防护用品的使用是不相同的,详见表5-3-2。

**防护用品的使用**　　　　　　　　　　　表5-3-2

| 施工工序 | 清洁除油 | 打磨 | 刮涂原子灰 | 喷漆 | 抛光 |
|---|---|---|---|---|---|
| 护目镜 | √ | √ | √ | √ | √ |
| 防尘口罩 | | √ | | | √ |
| 过滤式防毒面具 | √ | | √ | √ | |
| 供气式面罩 | | | | | |
| 棉纱手套 | | √ | | | |
| 耐溶剂手套 | √ | | √ | √ | √ |
| 防静电喷漆服 | | | | √ | |
| 安全鞋 | √ | √ | √ | √ | √ |

注:打"√"的表示在本工序中须要穿戴的防护用品。

## 四、紧急事件处理

### 1. 皮肤沾染油漆

如果因没有戴手套或不慎皮肤上沾染了汽车油漆,千万不要用布沾溶剂、稀释剂擦拭皮肤，因为这样会导致更多溶剂接触皮肤，并经人体皮肤的毛孔及汗腺进入人体，对身体造成危害。正确的方法是使用专门用于清洗皮肤上沾染涂料的洗手膏进行清洗，这样才不会对身体造成伤害。

**2. 油漆进入眼睛**

如果不慎有汽车油漆进行眼睛，须马上使用洗眼器冲洗 15min，然后送医院检查治疗。

**3. 油漆溅洒身体**

如果不慎有大量汽车油漆溅洒到身体上，须立即使用紧急喷淋装置冲淋，以快速冲掉身体上的油漆，已经沾染到皮肤上的，用洗手膏清洗掉。需注意由于冲淋下来的水带有油漆，不能直接排入市政污水管道，故紧急喷淋装置不能连接市政污水管道的排水管，冲淋下来带有涂料的水只能收集后作为危险废弃物处理。

# 课题4　汽车喷漆快修

由于涂层损坏的不规范性，修补涂装工艺也几乎各不相同。因此，必须根据涂层损坏状态和现场的具体条件选择不同的修补涂装工艺。车身修补涂装工艺按照修补的面积不同分为局部修补和整车重涂，其涉及范围广泛，涵盖整个汽车涂装工作，它包括底材处理、原子灰施工、中涂底漆施工、面漆调色、面漆喷涂及面漆修饰等。作为汽车喷漆快修技术人员，必须懂得并掌握汽车涂层修复的工艺和要求。

要想省时高效地完成汽车喷漆快修作业，选择合适的工艺极其重要。除了选用"板块整喷"工艺外，"驳口喷涂"也是高质量完成快修的重要手段。

## 一、驳口喷涂的优势

（1）采用驳口喷涂可减小色差，提高颜色的吻合度，从而减小因色差造成的返工风险。

（2）因为驳口喷涂的修补面积相对较小，可减小打磨的范围，缩短打磨的时间，降低操作人员的劳动强度。

（3）驳口修补时常常采用一些快干型涂料，从而提高维修效率，能够缩短修补的时间。

（4）驳口喷涂技术有利于提高新旧清漆面附着力。

## 二、驳口操作方法

喷涂颜色的过渡区域一般要采用"挑枪"的方法，即在喷涂时以肘部为轴，或摆动腕部，使喷枪对喷涂表面的喷涂距离发生圆弧形的变化，对需要修补的区域距离近一些，喷涂比较厚，而对驳口区域距离逐渐变远，漆雾逐渐变淡，这样驳口区域将形成一个逐渐过渡的颜色变化区，最终与周围未修补的区域相融合，如图 5-4-1 所示。

驳口部位的过渡也可以采用其他方法来实现，如采用许多短的行程，从中心部位向外喷涂。采用这种方法喷涂时，需要逐步扩大每一次的喷涂范围，以便能和上一次喷涂的漆膜稍有重叠。每一次喷涂时都要适当调整喷枪的气压和喷幅，使之逐渐变小，以达到喷雾渐渐变淡的目的，有时还要根据情况适当改变出漆量。

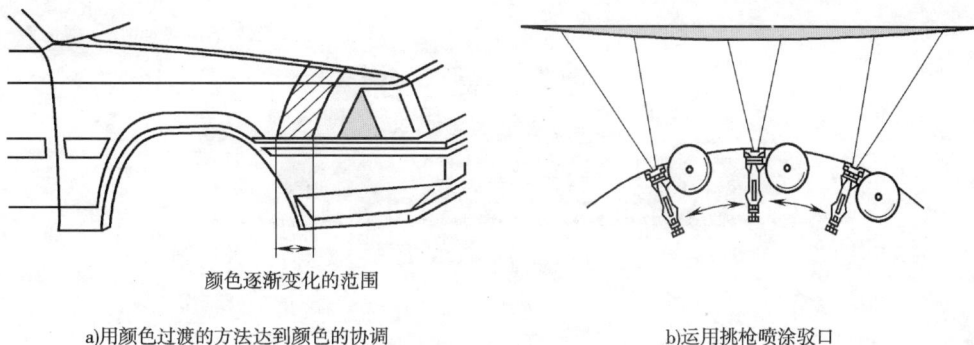

a)用颜色过渡的方法达到颜色的协调          b)运用挑枪喷涂驳口

图 5-4-1　驳口操作方法

### 三、驳口位置的选择

驳口区域的大小没有具体的规定,以颜色逐渐变化到视觉上感觉不到明显的差别为好。通常颜色调得越准确,所需的驳口区域越小,反之则需要比较大的驳口区域才能弥补。

在喷涂以前需要对估计的驳口区域进行打磨以增强漆膜的附着能力,打磨要采用很细的砂纸或用研磨颗粒较粗的研磨蜡进行,驳口区域要打磨得大一些,为可能加大的驳口区域做准备,即使驳口没有扩大,由于打磨痕迹很细小也很容易在抛光时抛掉。

驳口区域位置的选择必须根据修补的位置而定,要确保颜色和纹理的一致性,并保证不出现明显色差、附着力不良等缺陷。

驳口修补根据损伤修复的部位可分为点驳口、块驳口和复合驳口三种。

**1. 点驳口**

点驳口主要针对处于车身边角处或面积较大区域,损伤面积在 $10cm^2$ 以内的操作(如前后翼子板、保险杠边缘),如图 5-4-2 所示。这类驳口只对损伤的部位及其周围做小范围的修补即可,驳口尽量控制得小一些。在颜色能够充分融合的情况下尽量使驳口区域不超过冲压线,并以冲压线或面积较小的部位作为驳口的终止位置,这样可以避免在颜色和漆膜纹理等方面出现明显的变化。

a)需要修补的位置          b)底色漆喷涂区域          c)清漆喷涂区域

图 5-4-2　点驳口修补

**2. 块驳口**

块驳口主要针对位于车身板块中间区域损伤的修复(如前后车门、翼子板中间部位),如图 5-4-3 所示。块驳口即指对整板进行喷涂修补,驳口区域应该控制在本板件范围之内,以冲压线及板件边缘作为驳口终止位置,这种操作可最大限度地隐藏修补痕迹。

a)需要修补的位置

b)色漆喷涂区域

c)清漆喷涂区域

图5-4-3　块驳口修补

### 3. 复合驳口

采用复合驳口方法进行修补的损伤往往处于两板或两板以上的接缝处,如图5-4-4所示。为防止在车身接缝处产生明显的颜色差异,通常要将驳口区域扩大到相邻的板件以求得颜色的统一。在这种情况下,驳口终止的位置首先需要考虑的因素并不是颜色的一致性,而是在什么部位终止才能最大限度地隐藏驳口,不留下修补痕迹。

整板的面积越大,驳口颜色过渡的空间也越大,效果越好,但如果在较大的平面上做驳口,会影响整个平面的整体流平效果,驳口区域毕竟是用雾喷的方法来完成的,流平效果要差一些,所以诸如发动机舱盖、车顶等板材不适宜采用"驳口喷涂技术"进行修补。

## 四、驳口喷涂修补工艺实例

以下主要介绍汽车喷漆快修中常见的块驳口的操作工艺,以采用双工序金属面漆修补车前翼子板为例,详见表5-4-1。

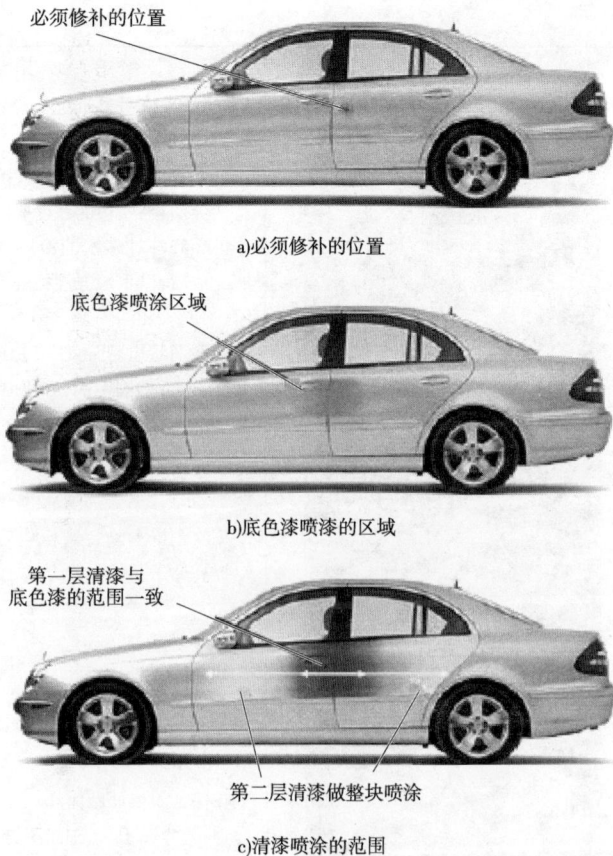

必须修补的位置

a)必须修补的位置

底色漆喷涂区域

b)底色漆喷漆的区域

第一层清漆与
底色漆的范围一致

第二层清漆做整块喷涂

c)清漆喷涂的范围

图 5-4-4　复合驳口修补

驳口喷涂修补工艺　　　　　　　　　　　　　　　　　　　　　表 5-4-1

| 步　骤 | 施 工 照 片 | 工 艺 要 求 |
|---|---|---|
| 清洁、遮蔽 |  | 清洗车辆,用除油剂处理待修补区域,去除表面油污、残余蜡渍。<br>遮蔽和保护不需要修补的区域,检查损坏情况,并制定修补工艺。<br>如损坏区域未穿透清漆时,可使用 P1500～P3000 砂纸打磨后,进行抛光处理;若未伤及底漆层时,则需喷涂中涂漆填补后再喷涂色漆和清漆;如损伤位置较严重时,则需钣金修复后施涂原子灰进行修补 |
| 清除损伤区域内的旧涂层 |  | 清除旧涂层时,需要选用切削力较大的双动作偏心距为 5 号或 7 号的打磨机,以提高工作效率。<br>工件表面为完整的原厂漆层时可使用 P80 号的砂纸;工件表面经过喷漆修补时可使用 P60 号的砂纸。<br>为确保最终的涂层质量,必须将损伤区内的旧涂层彻底清除干净 |

| 步　骤 | 施工照片 | 工艺要求 |
|---|---|---|
| 研磨羽状边 | | 选用 P120 号砂纸配合 5 号或 7 号打磨机,对损伤区周围的涂层向四周打磨开,使裸金属与原涂层的结合部形成平顺的斜面即为羽状边。对于未曾修补过的涂层,羽状边的宽度研磨至不小于 3cm 为宜;对于已经修补过多次的涂层,每层至少研磨 5mm。研磨完成后,以手触方法检查羽状边,确保羽状边无台阶、平顺、光滑。<br>研磨羽状边后,再使用 P180 号砂纸向羽状边外磨开 3～5cm 的磨毛区,方便原子灰施涂 |
| 表面清洁除油 | | 用吹尘枪去除打磨粉尘后使用除油剂进行清洁,以提高原子灰的附着力 |
| 防腐处理 | | 在裸金属表面施涂环氧底漆可提高金属的防腐能力,同时为原子灰、中涂漆提供更好地附着力。<br>涂抹后可用红外线烤灯对其适当加热,以加快干燥速度 |
| 原子灰施涂 | | 原子灰起填补凹陷的作用,在刮涂中要填补凹陷部位,边缘要尽可能刮涂平顺,同时在板件上其他部位不要沾上原子灰,保持板件的清洁。<br>原子灰和固化剂的比例一般为 100∶1～3 的质量比。初次使用可采用电子秤进行称量掌握密度,以便更快更准确的添加固化剂 |
| 原子灰干燥 | | 原子灰刮涂后可以用烤灯进行强制干燥,红外线烤灯为短波,穿透力强,干燥效果好。<br>烤灯距离板件保持 80cm 左右;烘烤 10～15min(烤灯温度设定 50℃,温度过低,干燥时间延长;温度过高,原子灰和固化剂干燥过快,导致原子灰收缩,易产生脱落或开裂) |

| 步　　骤 | 施工照片 | 工艺要求 |
|---|---|---|
| 打磨原子灰 | | 打磨时为了更好地判断打磨的程度,应在原子灰部位涂上打磨指示剂。<br>　　第一遍打磨为粗磨原子灰,通常选择砂纸型号相对较粗的 P60～P80 砂纸,第一道打磨只要求初步平整,不求光滑。<br>　　第二道打磨中将原子灰打磨至基本平整,通常选择 P120 砂纸。<br>　　第三道打磨通常选择 P180 砂纸,打磨后要使底材达到平整、光滑、无缺陷,并恢复外表形状 |
| 中涂漆喷涂前打磨 | | 使用 P240 砂纸精磨原子灰区域,同时将磨毛区扩大至 10～15cm。确保磨毛区研磨透彻,无橘皮、磨穿现象存在 |
| 表面清洁除油 | | 用吹尘枪去除打磨粉尘后使用除油剂进行清洁,以提高原子灰的附着力 |
| 遮蔽 | | 反向遮蔽法是指先将遮蔽纸盖在待喷涂的部位,然后用胶带粘住遮蔽纸的一边,接着再将遮蔽纸沿着固定的这一边为轴翻转到非喷涂区域固定,使得遮蔽纸原来的里面朝外、外面朝里的一种遮蔽方法。这种方法可以减少"台阶",让新涂层与旧涂层的边界过渡平滑,这在局部喷涂中使用的非常多 |
| 喷涂中涂漆 | | 中涂漆一般喷涂 2～3 遍,喷涂后,膜厚应达到 70μm 左右,最大不得超过 150μm,喷涂范围由大到小较为合适。<br>　　第一遍雾(薄)喷一道中涂漆,喷涂范围以遮蔽边缘为限。<br>　　待前道闪干至亚光后,再喷涂一湿层,略小于前道的喷涂范围 |

| 步 骤 | 施 工 照 片 | 工 艺 要 求 |
|---|---|---|
| 喷涂漆干燥 | | 中涂漆的干燥方式有自然干燥和强制性干燥。一般情况下，在20℃时，风干的时间为2~3h。为了加快施工进度，可采取强制干燥（小面积区域的干燥可采用短波红外线烤灯；大面积的干燥需使用喷烤漆房），在60℃（工件表面达到的温度）时干燥20min即可 |
| 中涂漆打磨 | | 打磨中涂漆时需根据面漆情况选用P400~P600干磨砂纸。一般情况下，当面漆为单工序素色漆时采用P400~P500干磨砂纸；当面漆为双/三工序金属漆时采用P500~P600干磨砂纸。若面漆颜色较浅时，可选用较粗的砂纸；颜色较深时，应选用较细的砂纸。<br>研磨后的中涂漆表面应平整光滑，无磨穿、橘皮、流挂、颗粒、砂眼等缺陷，任何微小的瑕疵都会影响整个面漆层的施工效果 |
| 研磨旧涂层表面 | | 在块驳口修补工艺中，原有的清漆层表面需重新喷涂清漆，为提高其附着力，需采用P1000精磨砂棉或灰色菜瓜布配合水性研磨膏进行研磨。<br>无论是采用精磨砂棉还是灰色菜瓜布配合水性研磨膏进行研磨，都需要在工件上洒少量的水润湿表面，提高研磨效率，防止出现过粗的打磨痕迹。<br>研磨后的旧涂层表面应亚光，无亮点、橘皮、粗砂痕、磨穿等缺陷 |
| 底色漆调配 | | 利用油漆供应商提供的颜色系统查找颜色配方，然后利用电子秤进行称量调漆。<br>由于汽车的生产商选择的油漆供应商可能有不止一家，所以相同的漆号颜色不一致的情况时有发生，所有电脑调漆并不一定准确，需要在其基础上进行人工微调以达到最佳效果 |
| 表面清洁、粘尘 | | 用吹尘枪去除打磨粉尘后使用除油剂进行清洁，并遮蔽和保护不需要修补的区域。<br>用粘尘布去除板件上的任何灰尘污物，以免影响喷涂质量。粘尘布重新折叠，不得有硬边、线头外露等情况。如果粘尘布太"粘"、有硬边、线头或擦拭太用力，就可能造成擦拭痕，在喷涂底色漆时就会显现出来 |

| 步 骤 | 施 工 照 片 | 工 艺 要 求 |
|---|---|---|
| 金属底色漆喷涂 | | 在驳口修补工艺中,第一遍色漆需薄喷,且喷涂中涂漆部位即可。<br>第二遍需湿喷,并将中涂漆完全遮盖,并以"挑枪"的手法适当扩大喷涂范围直至覆盖 P500 砂纸研磨的区域,以达到颜色过渡的目的。<br>第三遍喷涂效果层用来匹配原有面漆,雾喷一单层即可 |
| 清漆喷涂 | | 清漆喷涂前应确保底色漆已干燥至哑光。<br>清漆的喷涂次数及单次形成的膜厚是决定清漆层是否能达到良好的光泽、流平效果的关键因素。一般清漆建议喷涂 2 个单层,即中湿层 + 全湿层,清漆总膜厚应达到 50 ~ 60μm,两层之间需要有一定的闪干时间。<br>中湿层喷涂后,表面应有湿润感,可通过观察喷烤漆房内照明灯的倒影来判断,看见比较清晰的灯管影子即可。<br>全湿层喷涂后能清晰地看见灯管的影子 |
| 烘烤干燥 | | 清漆喷涂完毕后一般需要闪干 10 ~ 15min,然后才能进行烘烤干燥。<br>一般情况下,小面积区域的干燥可采用短波红外线烤灯;大面积的干燥需使用喷烤漆房,在 60℃(工件表面达到的温度)时干燥 30min 左右即可投入使用。<br>为加快效率也可使用快干的清漆产品,60℃ 烘烤10min 左右即可 |

## 五、汽车喷漆快修注意事项

(1)在整个操作过程中,严格按照规范要求佩戴好个人安全防护用品。

(2)在维修前,检查车辆,根据车漆的损伤情况、颜色和车漆状态确定合适的维修方法。

(3)油漆选用要配套,不同品牌不同系列的油漆不得混用。

(4)油漆的调配、施工必须严格按照产生厂商提供的《产品使用手册》进行。

(5)喷漆的工具、设备在使用前都应进行相应的检查和维护,防止使用过程中出现问题,而影响维修质量。

(6)利用烘干设备对油漆加热时,要注意加热温度,温度过高会使油漆出现缺陷,温度过低则需延长干燥时间。

(7)喷枪应根据喷涂油漆的种类进行选用,喷涂中涂漆应选用 1.6mm 左右口径的上壶喷枪,喷涂色漆、清漆应选用 1.3mm 左右口径的喷枪。

（8）清洁、除油、粘尘等操作要仔细、彻底，须确保喷涂表面清洁，无油污、灰尘等。

（9）油漆喷涂前应按要求调节喷枪的气压、出漆量和喷幅，并进行试喷确认。

# 课题5　调　　色

随着汽车工业的不断发展，汽车漆的颜色种类及色彩特征也层出不穷，人们不可能把每一种颜色都做成涂料并储存起来以备随时使用。唯一的解决办法是提高施工人员的配色技能，可以利用涂料制造商提供的几十种基本色素（色母），按照一定的用量比例及颜色配方，对现有颜色进行调配，以达到人们所期望的理想色彩。

所谓调色是指根据颜色的3个基本属性（色相、明度和彩度），将两种或两种以上不同的基本色素（色母、涂料）按一定的比例混合在一起，以产生所需要的理想颜色的过程。

## 一、色彩原理

我国古代把黑、玄（偏红的黑）称为色，把青、黄、赤称为彩，合称色彩。现代色彩学中，颜色是无彩色和有彩色的总称。

### 1. 色彩的体系

1）无彩色系

黑色、白色和各种深浅不同的灰色可以形成一个系列，这个系列由白色逐渐过渡到浅灰、中灰、深灰，直到黑色，人们把它称为黑白系列（图5-5-1）。黑、白、灰也就构成了无彩色系。

图5-5-1　无彩色系列

2）有彩色系

凡带有彩的色，称为有彩色系的色。如红、橙、黄、绿、青、蓝、紫等，如图5-5-2所示。

图5-5-2　有彩色系列

### 2. 颜色的三属性

尽管颜色有很多，但纵观所有颜色，都有三个共同点，即一定的色彩相貌、一定的明亮程度和一定的浓淡程度。把颜色的这三个共同点称为颜色的三属性或特性，分别称为色调、明度和彩度。无论什么颜色，都可以用这三种特性来定性、定量地描述。

1）色调

色调又称色相或色别，是色彩最显著的特征，是不同色彩之间彼此相互区分最明显的特征。将每种色彩感受都赋予一个名称，如红、橙、黄、绿、青、蓝、紫，其中每一个名称都代表一类具体的色调。紫红、红、红黄等都是红色类中各个不同的色调，这三种颜色之间的差别就属于色调的差别。

2）明度

明度又称亮度、主观亮度、明暗度和光度，是人们所看到的颜色引起的视觉上明暗程度的感觉。人眼对明暗的改变很敏感，反射光发生很小的变化，甚至小于1％的变化，人眼也能感觉出来，明度随光辐射强度的变化而变化。同一色调可以有不同的明度，比如红色就有红紫、深红、浅红、粉红等之分，它们看上去有深淡之别。在无彩色系中，最高明度为白色，最低明度为黑色，二者之间为深浅各异的灰色；在有彩色中，紫色明度最低，红色和绿色明度中等，黄色明度最高，所以人们感到黄色最亮，如图5-5-3所示。

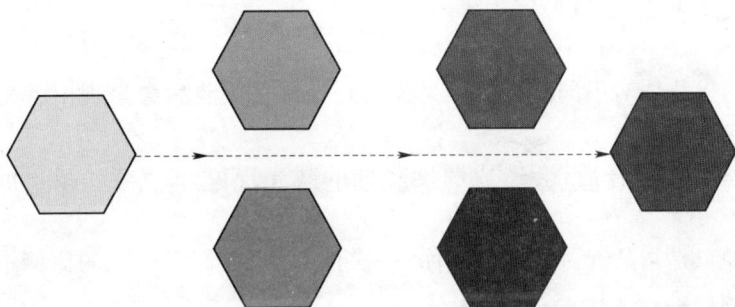

图5-5-3　明度的排列

明度可用黑白度来表示，主要色调的明度变化如图5-5-4所示，越接近白色，明度越高；越接近黑色，明度越低。因此，无论哪个色加上白色，都会提高混合色的明度，且加入白色越多，明度越大；反之，加入黑色则会降低明度，加入黑色越多，明度越低。如果加入灰色的话，那就要看灰的深浅而定了。

图5-5-4　色相明度序列表

3）彩度

彩度又称纯度或饱和度，指某种颜色含该色量的饱和程度，即表示颜色偏离具有相同明度的灰色的程度。彩度可分为 0 ~ 20 档，一般彩度小于 0.5 时就成为无彩色，彩度接近 20 时就接近饱和。当某一颜色浓淡达到饱和时，若无白色、灰色或黑色掺入其中，即呈纯色（又称正色）；若有黑、灰掺入，即为过饱和色；若有白色掺入，即为未饱和色。

高彩度的色调加入白或黑时，将提高或降低它的明度，同时也降低了它的彩度。

每一色调都有不同的彩度变化，标准色的彩度最高（其中红色最高，青绿色最低，其他居中），黑、白、灰色的彩度最低，被定为零。

**3. 色料混合**

颜料或染料等物质对不同波长的可见光进行选择性吸收后会呈现出各种不同的色彩，这些物质称为色料。

不同的色料进行混合后，会造成明度降低的减光现象，故称为"减色混合"或"色料混合"。

色料的三原色是指品红、黄和蓝，又称"一次色"。当它们以不同的比例进行混合时，即可以获得所有的色彩，如图 5-5-5 所示。

两个原色等量混合出来的颜色称为"间色"或"二次色"，如：红 + 黄 = 橙，红 + 蓝 = 紫，蓝 + 黄 = 绿，则橙、紫、绿均为间色。两个间色（橙、紫、绿）混合或一个原色（红、黄、蓝）与一个间色（橙、紫、绿）混合出来的颜色称为"复色"或"三次色"。复色中包含了全部原色的成分，只是各原色间的比例不等，其结果反映出丰富的红灰、黄灰、紫灰等含灰的色彩面貌。颜色比例越接近，其色调就越混浊，所以复色又称"浊色"。

三种原色等量混合为黑色，即品红 + 黄 + 青 = 黑。由此可以得出：两个互为补色的色料以适当的比例混合可以得到黑色。

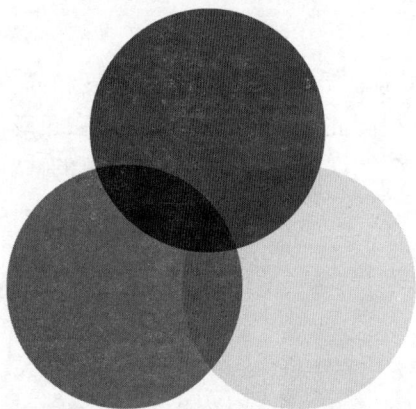
图 5-5-5　减色混合示意图

**4. 消色**

原色和复色中加入一定量的白色，可调配出粉红、浅红、浅蓝、浅天蓝、淡蓝、浅黄、蛋黄、奶黄、牙黄等深浅不一的多种浅淡颜色；如加入黑色，则可调出棕色、灰色、褐色、黑绿等明度和色调不同的多种颜色。前面已经讲过，黑色与白色属于无彩色类，调色时由于白色或黑色的掺入可明显地降低颜色的彩度和明度，使原颜色的色调减弱、改变甚至消失，如对紫色加入等量的黑色，则紫色的色调就会完全消失而变为黑色。因此，把白色和黑色称为"消色"。在色彩调配过程中合理地使用消色，可以对颜色的色调、明度起到矫正调节作用。

## 二、调色设备及工具

调色工具和设备包括调色架、电子秤、色卡资料、颜色登记册、配方光盘或计算机、喷涂样板设备等。条件好的调色间还会配备比色灯箱，用来改善阴天或夜晚调色的条件甚至还会配备色差仪，用来检验颜色调配结果。

**1. 调色架**

调色架又称色母搅拌架、调色机、调漆机,如图5-5-6所示。罐装涂料打开后盖上专用的带搅拌桨的盖子放在调色架上,调色架电动机起动后,在传动装置的作用下,可以均匀地搅拌调色架上的所有色母。调色架有大型和小型之分,常用的大型架可以放置100多罐色母,小型架可以放置60多罐色母。

图5-5-6　调色架

适当维护调漆设备对于正确调漆是至关重要的,应按以下建议维护调漆设备:

(1)调色架应放在平整、坚实的水平地面上,用螺栓固定在地基上,机械部件应经常滴加润滑油。

(2)色母上调色架之前,先用振动机摇动5~10min将其摇匀,或者打开涂料罐,用调漆尺把涂料完全搅拌均匀后盖上盖。

(3)搅拌桨盖应保持清洁无尘,及时清除桨盖出漆口处的涂料,否则桨盖的出漆口或通气孔关闭不严,溶剂蒸气放出,成为安全隐患。同时防止由于涂料中的溶剂挥发,使色母在使用过程中逐渐浓缩,影响调色准确性。桨盖出口附着干涸的涂料会影响色母倾倒和滴加的可控制性,甚至还会掉进容器内,影响色母称量的精确性。

(4)放置调色架的房间要通风,避免阳光直射,温度要适中,一般为10~30℃,最好能保持在20℃左右。

(5)上午和下午各开动调色架一次,每次搅拌15~20min。

(6)色母在上架后保质期一般不超过一年,时间太长质量下降,还会影响调色精确度。

**2. 电子秤**

电子秤作为称量色母的工具,是精密的设备,如图5-5-7所示。它放置在调色架附近以方便称量。同时避免在工作中受振动而影响精度。

在称重色母过程中,涂料罐要轻拿轻放,避免强风吹过,引起读数不稳定。不要在电子秤上搅拌色母,以免损坏电子秤,或

图5-5-7　电子秤

降低其精度。按照说明书的指示,定期校正电子秤。一般工作中仅需使用到小数点后一位精度的电子秤,只有在实验室中才用到两位精度的电子秤。

**3. 色卡资料**

1) 色母指南

色母指南是由汽车修补涂料供应商提供的,是表现色母特性的色卡。各家供应商所提供的色母指南有所不同,但目的都是为了让调色人员能够明了、直观地了解该品牌色母的特性,方便调色。

色母指南的色卡虽然各有不同,但设计原理都大同小异。一般会先列出纯色母的颜色,再列出该色母和白色母按一定比例混合后的颜色供调配涂料时参考;最后还列出该色母和银粉、珍珠色母按一定比例混合后的颜色供调配金属漆和珍珠漆参考。这样,每种色母在素色漆和金属漆中的特性基本都表现出来了,另外由厂家提供的这些色母指南还会提供其他信息,如色母的遮盖力、色母在银粉漆或珍珠漆里的侧色调、银粉或珍珠的颗粒大小等。总之,涂料供应商所提供的色母指南是为了让调色人员快速、全面地掌握各种色母的性能,提高调色准确性。

还有一种比较重要的色母指南称为色轮图。色轮和前面讲的色环差不多,分为红、橙、黄、绿、蓝、紫等色。除了银粉漆、珍珠漆和白色外,其他色母都会在色轮上占据一个位置。从各个色母在色轮上的位置就可以看到越靠近色轮的中心,色母颜色就越不鲜艳、越灰黑,反之就越鲜艳、越亮。

2) 色卡

所有知名品牌的涂料供应商除了定期为其客户提供国际市场上最新推出的汽车颜色的配方外,还会给客户提供这些汽车颜色的色卡,如图5-5-8所示。

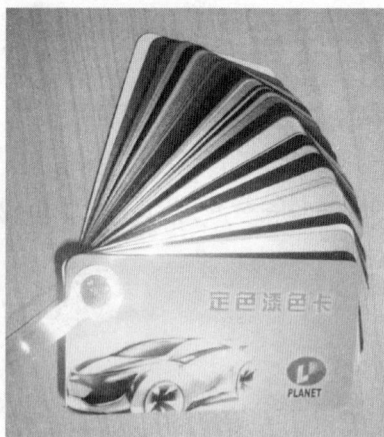

图5-5-8　汽车漆色卡

色卡是很重要的调色工具,一套完整、齐全的色卡会起到事半功倍的效果。

即使最严格、科学地控制,在生产线下来的汽车颜色上还是会存在色差的。色差的存在给调漆工作造成一定的难度,所以涂料公司会收集在市场上出现的差异色,研制配方并制作成色卡,希望以此能帮助调色人员。

除了以上两种主要的色卡外,每个品牌还会推出各式各样的色卡,目的都是为了帮助调色人员更方便调配颜色。在调色中应该正确掌握和利用这些资源。

3) 颜色配方系统

近年来,汽车颜色数量增长很快。例如某个品牌的颜色配方数据库里,仅用于轿车颜色的配方就在4万个以上,如果再包括商用车、国际标准色等颜色,其数量是非常巨大的。

目前,储存颜色配方多为光盘,利用计算机程序阅读,更迅速、方便。某些涂料厂家还能利用配送给客户的计算机软件完成一些功能以达到"服务增值"的效果,如帮助客户管理涂料的销售及库存、顾客资料或计算配色成本等。

由于因特网日益普及,许多国际大涂料公司纷纷推出"网上配方系统",把准确、详细的配方在最短时间内让客户知道;第一时间内了解客户的困难,并给予指导、帮助。

4)颜色登记册

颜色登记册是由涂料厂家发布的,上面收集有各个汽车生产商所推出颜色的资料,例如,颜色的名称、颜色代码、出厂年份、停用年份、使用车型等。灵活熟练地使用这些信息能帮助人们迅速查找准确的颜色。

颜色登记册一般都包含有该厂商的色卡、配方的相关信息供客户查阅,除此以外,还有其他信息,例如,车身颜色代码在车身上的位置,颜色代码的字母含义等。

### 4. 配色灯箱

必须在阴天、晚上或光线不足的车间内调配颜色时,需要使用灯箱,如图 5-5-9 所示。灯箱的主要目的是提供一个接近日光的光源,同时还提供多组其他光源,以免出现同色异构现象。

配色灯箱的光源配置一般有以下几种。

(1)F/A:为色温 2856K 的充气螺旋钨丝灯,属典型的白炽灯,主要用于家庭居室或商店的重点照明。

(2)D65:色温 6500K,符合 BS950-1 标准,适用于要求颜色一致性和颜色质量的场合。

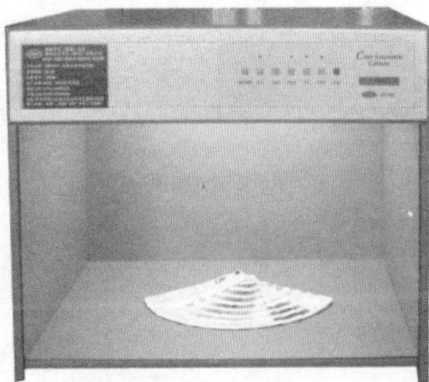

图 5-5-9　配色灯箱

(3)TL84:欧洲 Marks&Spencer 专用商店光源,窄频荧光灯,相对色温 4000K。

(4)UV:用于检测光学增白剂和荧光染料,尤其适用于检测白色或荧光色所占的比例和在材料中的均匀性。

(5)CWF:主要用于美国的商业与办公机构,相关色温为 4150K。

## 三、人工微调的顺序及注意事项

人工微调几乎是调配颜色时的必经之路,同时也是调色的最高境界。

### 1. 人工微调的调色步骤

(1)标准板表面处理:进行清洁、抛光(呈现原来的面貌)。

(2)配方分析:分析各种色母在配方中的影响,分析三属性(明度、色调和彩度),选择相同或相近的颜色配方。

(3)颜色判读:分析各种比较标准板和试样色板在三属性上的差异,银粉珍珠色要同时用正、侧面做比较。

(4)颜色修正:加入色母或减少色母,并确定颜色改变的方向是正确的。

(5)确定需要添加的色母:添加或减少百分比,一般以原色量的10%为宜,一次只针对一个变量做调整(最重要的是正确的配方和正确的方向,调色才有经济效益,节省时间及原料)。

(6)正确计算配方,例如:在品牌油漆的色母中,一般给出的是某种色母或添加剂在总量中占的质量比,而在调配颜色时,经常会用到体积比例的方法,故而在配色前需要对配方做出正确计算,化为统一单位。

(7)添加色母并充分搅拌:在添加时应注意三点,即留意色母浓度;如果不能确定色母的添加量,可以少量添加,做出样板观察;做样板的同时记下色母的添加量。

**2. 人工微调时的注意事项**

1)核对颜色

(1)首先确认是否有原厂漆号,颜色与色卡有无色差(偏红、偏绿等)。

(2)试喷小样板,对于双(三)工序面漆还需喷涂清漆,待干燥后再对色。

(3)在充足的自然光或标准灯箱下对色,普通的室内人造光源会产生误导。

(4)核对颜色时,车身完好、表面清洁。

(5)以第一印象为准,盯的时间越长,越难以判断。

2)推敲试板的色差

(1)试板的颜色在色环图上的定位。

(2)它有哪些方向可以移动?

(3)需要它向哪个方向调整?

(4)配方中用到哪些色母?

(5)每个色母会使颜色向哪个方向移动?

3)色母选择

(1)根据色母特性及色环原理选择可能需要用到的色母。

(2)尽量使用配方中原有色母作调整。

4)遵循微调规则

(1)先做试验性的微调。

(2)使用原配方中的色母进行微调。

(3)从浅到深,从纯净到混浊调整。

(4)喷出试板并等待颜色干燥。

(5)喷板时要达到遮盖力。

(6)将试板与目标颜色进行比较。

(7)微调应该是配色的最后手段。

5)调漆操作

(1)充分搅匀混合物。

(2)使用通透色母来做小分量颜色的微调。

6)试板喷涂

(1)正确对待试板喷涂。

(2)不要用湿漆比色,大多数素色漆干燥后颜色会变深。

(3)比色前要允许漆膜充分固化。

7)施工方法

(1)用驳口法修补可以使颜色过渡更自然。

(2)三工序珍珠漆不宜用驳口法,宜用板块修补。

如果调漆没把握的时候,可根据所使用油漆的各色色母持性,将有可能的色母逐一找出来,用"微调测试法"倒一点在带有微调油漆的纸板上微调一下,看效果怎样,如果效果理想再将该色母直接加到油漆里面去。如此可避免调漆中加入不适合的色母而令调漆工作增加难度和浪费油漆。

由于汽车修补的颜色千变万化,颜色的配方往往只能提供相对接近的颜色。因此,多练习、多思考、多留意、多学习,纯熟地掌握色母的变化特性,做到心细眼灵手巧,具备对颜色敏锐的辨察力及对色母变化的灵活掌握,才会达到与颜色的真正交流,成为一名优秀的调漆师。

### 四、影响颜色的因素

由于汽车修补施工的特点决定了其必须使用手工喷涂。因为手工操作的随意性,所以涂层的颜色会出现色差,此外,施工环境也能明显造成喷涂后的色差。一般经验而言,深颜色的金属漆受到的影响少,浅颜色的金属漆受到的影响大,素色漆基本上不会受到影响。

**1. 个人喷涂习惯的影响**

手工喷涂的效果很受人的习惯制约,如走枪快慢、枪距远近、喷涂次数、流量调节、闪干时间、清漆厚薄等都对最后的颜色产生影响,具体的影响状况见表5-5-1。对于大多数色漆而言,这些因素会造成颜色的深浅不一,究其原因,主要因为银粉分布不同所造成。

个人喷涂习惯对颜色的影响　　　　　　　　　　　　　　　表5-5-1

| 浅 | 颜色偏向 | 深 |
|---|---|---|
| 快 | ←走枪速度→ | 慢 |
| 远 | ←枪距远近→ | 近 |
| 少 | ←喷涂次数→ | 多 |
| 少 | ←油漆流量→ | 大 |
| 薄 | ←清漆厚度→ | 厚 |
| 多 | ←稀释剂配比→ | 少 |
| 快干 | ←稀释剂类型→ | 慢干 |
| 小 | ←喷枪口径→ | 大 |
| 大 | ←气压调节→ | 小 |
| 大 | ←扇面调节→ | 小 |
| 无 | ←中途烘烤→ | 有 |

**2. 施工环境因素的影响**

施工环境是客观因素,也无法避免,例如环境温度、环境湿度、空气对流等。随着施工设备的规范化和专业化,这些因素逐渐能人为控制,如在烤房内制作试板、调节烤房的温度和湿度、烤房的风压状况等。施工环境因素对颜色的影响见表5-5-2。

施工环境因素对颜色的影响　　　　　　　　　　　　　　　表5-5-2

| 浅 | 颜色偏向 | 深 |
|---|---|---|
| 高 | ←环境温度→ | 低 |
| 小 | ←环境湿度→ | 大 |
| 增加 | ←空气对流→ | 减少 |

### 3. 其他因素

除了上面所说的因素,还有一个不为人所注意的因素:色母颜料的密度。因为这种轻重的区别,对各种颜料在涂层流平、闪干的过程中的分布有重要的影响。白色母是最明显的例子,有大量白色母使用的实色漆在湿漆状态下颜色又浅又亮,喷涂后烤干颜色不但鲜艳多了,而且还会变暗。

另一个有比较明显影响的是蓝色。蓝色母是密度最小的一类色母,也最容易受施工条件的影响。根据施工的不同,实际喷涂后的蓝色有可能出现由偏红到偏绿的各种差异色,喷涂手法偏薄、干得快,颜色容易浮现出红色;喷涂手法偏重、干得慢,颜色容易发绿。

综上所述,可以说,即使是同一罐油漆、同一把喷枪、同一个人,只要在不同的时间喷涂,都有可能会得到不同的结果,这是无法避免的缺点。但从另一方面来讲,也可以转化为优点,那就是施工人员的灵活掌握,利用喷涂方式的改变从而达到微调颜色的目的。

除了以上影响颜色的因素之外,涂装材料的批次、涂料的遮盖能力、工具设备误差等也会影响颜色,施工中也应加以注意。

## 五、人工微调实例

下面的人工微调实例,说明了实际工作中如何确定添加或减少色母的用量,供大家参考。

### 1. 进行配方组成分析

(1)根据选定的色卡,按配方称量0.5L,并喷出一块"标准色"试板。

(2)将"标准色"试板与车身进行比较,如图5-5-10所示。得出车身颜色比"标准色"试板颜色稍蓝。

图5-5-10 标准色比较

(3)进行配方分析,查看颜色配方,了解该颜色的色母组成,并根据比对结果(不够蓝)确认所需添加的色母,如表5-5-3所列举的配方。

某素色漆配方表 表5-5-3

| 色母 | 累积量(g) | 净重(g) |
|---|---|---|
| 紫色 | 349.6 | 349.6 |
| 黑色 | 478.3 | 128.7 |
| 蓝色 | 520.3 | 42.0 |
| 绿色 | 533.5 | 13.2 |
| 0.5L配方(质量单位:g) | | |

(4)计算调整用色母用量。计算调整用色母数量的公式如图5-5-11所示。

色母的净重÷A×50=需要微调的质量

| 色母 | 累积量(g) | 净重(g) |
|---|---|---|
| 紫色 | 349.6 | 349.6 |
| 黑色 | 478.3 | 128.7 |
| 蓝色 | 520.3 | 42.0 |
| 绿色 | 533.5 | 13.2 |
| 0.5L配方(质量单位：g) | | |

$A=533.5$　　　　　色母的净重=42.0

图 5-5-11　计算调整用色母用量分析图

所以,$42 \div 533.5 \times 50 = 3.9(g)$(即先调整 3.9g 的蓝色母量)。

**2. 人工微调**

1)第一次微调(图 5-5-12)

调好的色漆　　　+　　蓝色母　　=　　试板1

称量　　　100g　　　+　　3.9g　　=　　103.9g

图 5-5-12　第一次微调

用添加蓝色母后的色漆喷涂试板并干燥。将"试板 1"与"标准色"及车身比对,确定所用色母选择是否正确。若颜色调整方向不正确,则应另选色母微调;若颜色调整方向是正确的,需判断"标准"与"试板 1"、车身颜色与"试板 1"之间颜色存在的差异距离,如图 5-5-13 所示。

"标准"　　　　"试件1"

图 5-5-13　颜色比对

2)第二次微调(图 5-5-14)

经过比对判断,发现"试板 1"的颜色与车身颜色还存在一半的距离要走。那么,需要再增加蓝色色母的用量,做第二次微调。

用添加 7.8g 蓝色色母后的色漆喷涂试板并干燥。将"试板 2"与"试板 1""标准色"及车身比对,确定所用色母是否正确。

再次将"试板 2"与车身颜色进行比对判断,确认这次微调颜色的匹配性。若偏差小,可以通过过渡喷涂解决色差问题;若偏差大,则需进一步微调。微调时注意判断色差的距离,计算色母加入量。

调好的色漆　＋　蓝色母　＝　试板2

称量　100g　＋　7.8g　＝　107.8g

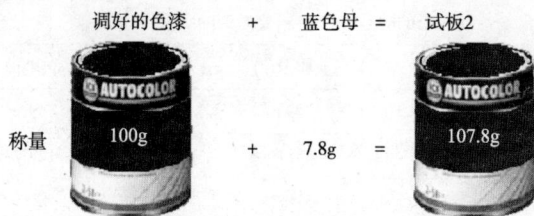

图 5-5-14　第二次微调

3) 最终调配

如果这次用 7.8g 蓝色色母来调整 100g 油漆的颜色与车身颜色匹配,那么就可以用这个配方进行喷车了。假如喷车需用 650g 油漆,就需要加 50.7g 蓝色色母。计算方式如下:

$$7.8g \div 100g \times 650g = 50.7g$$

可见人工微调是非常细致的工作,需要耐心和耐力。不要扔掉喷涂出来的试板,在试板背面注明初始配方和每百克添加的色母量,这些试板可以组成自己的色谱卡,为将来的工作节省宝贵的时间。

# 课题 6　车 身 彩 绘

汽车彩绘是现代美学艺术与汽车工业艺术的完美结合,是由专业人员先在车身表面通过手工绘画或喷涂工艺绘制出美术图案,再通过专业的汽车喷漆工艺而完成的一种视觉艺术。

## 一、汽车彩绘的类型

### 1. 永久性彩绘

永久性汽车彩绘是用高级汽车漆彩绘制作的,完毕后在表面喷涂清漆,图案亮丽清晰,因为本身就是汽车漆所以和车身就是一个整体,是车贴效果无法与之相比的,图案被清漆覆盖,更不存在变色、腐蚀等问题,亮丽持久如新。

### 2. 临时汽车彩绘

临时汽车彩绘适用于新车的销售、展示、新车发布会、4S 店展示、婚车彩绘等,具有色彩亮丽、个性突出、视觉效果强烈、可随时更换图案、不破坏原车漆面、方便展示等特点。临时彩绘如果无外界刮蹭、磕碰,可维持 2~3 个月之久,可以满足临时展览要求。

## 二、汽车彩绘的优势

传统的车身贴纸与汽车彩绘的根本区别在于贴纸是贴于汽车表面的粘贴物,没有立体感,没有技术含量,可成批大量制作,更不用提展现车主个性。而汽车彩绘却是现代美学艺术与汽车工业艺术的完美结合,它不是传统的车身贴纸,是由专业的技术人员参考车主的意见及要求,通过专业的汽车喷漆工艺,创造出适合车主个性的一种视觉艺术表现。

汽车彩绘改变了汽车外貌,且色彩鲜艳很吸引人的眼光,在社会上有一定的影响,所以在进行汽车彩绘时需要注意两个方面:一是要符合国家的相关法规政策规定;二是彩绘图案要符合文化向导及美学要求,不应涉及凶杀、暴力、血腥、色情、政治、恐怖、灾难、污辱性的文字及图案,应提倡积极、健康、文明、上进、爱心、自然、和谐的文化表达。

### 三、喷绘工具和设备

汽车彩绘所使用的设备主要是喷枪、喷笔、空气压缩机、连接的气管和接头及刻制模板用的刻刀、刻板、胶带、直尺,还有必备的计算机和打印机等。

形体模板在汽车彩绘中是经常用到的一种辅助造型工具,在喷绘过程中使用它可以提高汽车彩绘效率。但尽管模板可提高效率,有些汽车彩绘图还是不能依靠模板来帮助的,只能靠彩绘师的高超技术即兴发挥,如写实的发丝效果、光线的效果、云彩的绘制以及一些没有明确轮廓的形体如远景的树枝、山峦和在视觉上模糊的影像等。形体模板通常有四种形式。

**1. 硬模板**

硬模板是用硬纸板(卡纸)制作的模板形式,主要通过透稿得到,操作时放在上面的是要画的图案,中间是复写纸或炭粉(炭粉均匀涂在图案的背面),下面是硬纸板,透稿时可用铅笔描画要画的图案轮廓,这样在卡纸上留有图案的清晰痕迹;再用刻刀顺着留在卡纸上的痕迹把需要刻绘的形体轮廓线刻开。刻绘时需注意线的闭合和衔接,形体轮廓线要清晰、明确、有条理,用刻刀时要有力度,边缘要刻整齐;有些形体轮廓线不要都刻断,以免卡纸都刻开后散掉,刻开的地方可以用胶带粘好。

硬模板可刻画形体比较清晰的图案,一般写实风格的图案,特别是画面中主体的形象,轮廓线本身就非常清晰,还有前后关系明确、明暗分明、界限分明的部分都需要借用硬模板的形式。

**2. 软模板**

软模板也是透稿的模板形式,它是利用复写纸或炭粉把图案形体轮廓和结构线直接描绘在车身上,在车身上直接可以体现出形体线条,然后利用喷笔喷绘线条来绘制出图案。

**3. 遮挡模板**

遮挡模板是在喷绘过程中用来遮挡已经完成的局部以方便喷绘旁边形状操作的模板,特别是在喷绘有弧形的地方时经常使用。

**4. 适量模板**

适量模板又称漏板,是利用刻绘机或刻刀把图案形体线以适量封闭的形式刻绘在不干胶纸或其他料板上,在不干胶纸或料板上形成可以镂空的图案。这种模板多应用在喷绘一些卡通图案、字体、标志、适图图文、边缘清晰的线条等。

### 四、喷绘工艺

由于汽车彩绘的艺术表现形式多种多样,有简单有复杂,有卡通形象、人物山水、几何图形等。本节选取线条、水珠和木纹等若干项入门级的彩绘项目作详细介绍,以求达闻一知十、触类旁通的目的。

**1. 喷绘彩条**

喷绘彩条一般包括清洁喷绘部位、磨毛、放线、遮蔽、喷绘、去除遮蔽、喷涂清漆等步骤,如图 5-6-1 所示。其具体操作详见表 5-6-1。

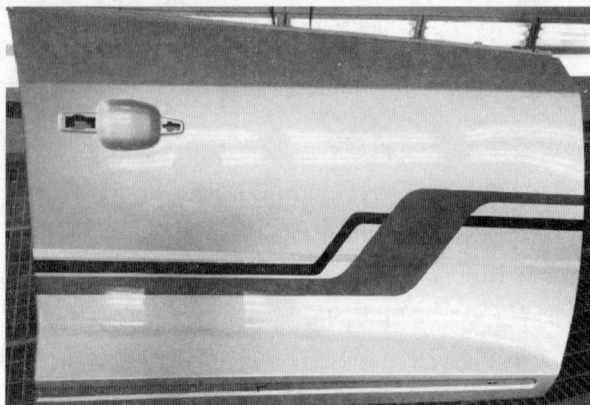

图 5-6-1　彩条

喷　绘　彩　条 表 5-6-1

| 步　骤 | 施 工 照 片 | 工 艺 要 求 |
|---|---|---|
| 检查施工部件 |  | 仔细检查施工部件有无划痕、凹坑等影响操作的缺陷存在。如有缺陷存在,需要进行相应的涂装修复 |
| 表面清洁 |  | 先使用吹尘枪对门板表面进行除尘处理,然后采用油性除油剂进行除油处理。<br>较大的灰尘、颗粒物在研磨时有可能划伤漆面,造成较深的划痕,给施工带来不必要的麻烦。另外,车辆所用油漆对油污、水分、汗渍等敏感,这些污物的残留会导致漆膜产生缺陷、弊病 |
| 研磨部件表面 |  | 图案区域使用 P500 ~ P800 的干磨砂纸,其他区域使用 1000 ~ 1500 的精磨砂棉打磨。使用精磨砂棉时可以在需研磨的部位喷上一层清水。<br>研磨结束后仔细检查原涂层的研磨情况,对未研磨彻底(有亮点、橘皮)的部位用精磨砂棉再次研磨,直至整个工件的原涂层表面无亮点、橘皮为止 |
| 表面清洁 |  | 先使用干净的湿毛巾对门板表面进行擦拭,然后采用油性除油剂进行除油处理 |

| 步 骤 | 施工照片 | 工艺要求 |
|---|---|---|
| 绘制线条 | | 绘制线条前需合理布局,然后根据图案和尺寸由下往上在门板上依次画出所有线条。<br>铅笔或圆规使用时,不能太用力按压,防止破坏车漆表面出现缺陷 |
| 遮蔽 | | 先对图案以外部位进行贴护,然后对第一个颜色喷涂的范围进行精细贴护。<br>颜色喷涂的顺序应考虑各颜色的遮盖力,如本次图案的颜色为白、蓝、绿三种颜色,那么本次图案应先喷涂白色,再喷涂蓝色,最后喷涂绿色 |
| 第一个颜色喷涂范围进行粘尘 | | 粘尘时必须再次仔细检查胶带边缘和贴护范围,防止胶带边缘起边或贴护不到位 |
| 喷涂第一个颜色 | | 先雾喷一遍,再中湿喷涂一层。颜色要求只需要把底色完全遮盖即可。喷涂时,如果喷涂太湿则会造成漆膜太厚,干燥速度慢等缺陷。如果喷涂太干,则会造成漆膜粗糙,边缘不齐整等缺陷 |
| 对第一个喷涂颜色的范围进行烘烤 | | 烤灯距离板件保持80cm左右;烘烤3~5min,烤灯温度设定60℃。<br>烘烤时,板件表面温度不能太高,温度太高引起遮蔽胶带脱胶等缺陷 |
| 撕掉遮蔽纸和胶带 | | 烘烤结束后,必须要对板件降温,如果板件温度过高,会导致板件表面的色漆变软,这样撕胶带会导致油漆边缘不齐整等缺陷 |

| 步　骤 | 施 工 照 片 | 工 艺 要 求 |
|---|---|---|
| 喷涂第二、三个颜色 |  | 　　与第一种颜色喷涂时一样,先进行遮蔽,然后进行粘尘,接着喷涂色漆和干燥。<br>　　喷涂完第二种颜色后再喷涂第三种颜色 |
| 清洁 |  | 　　除图案区域外,其他区域都有贴护痕迹,板件表面会有油污等脏物质存在,所以必须要清洁,除去所有油污等物质。<br>　　除油时注意不要擦拭到新喷的彩条表面 |
| 喷涂清漆 |  | 　　在彩条完全干燥并做部件清洁后,对整个车门喷涂清漆,喷涂后达到良好的光泽 |

**2. 水珠纹喷涂**

　　水珠纹是采用特殊的喷涂工艺与喷涂手法使漆面形成如雨点般水珠效果的纹理图案,如图 5-6-2 所示。

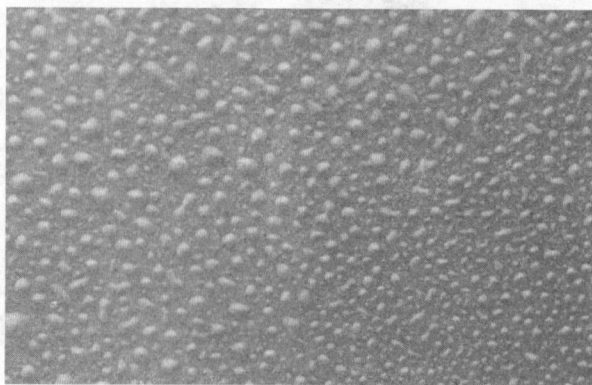

图 5-6-2　水珠纹

利用常用的喷涂工具即可实现水珠纹效果的涂装,无须使用其他特殊的工具设备,水珠纹具体的施工方法详见表5-6-2。

水珠纹施工方法　　　　　　　　　　　　表5-6-2

| 步　骤 | 施 工 照 片 | 工 艺 要 求 |
|---|---|---|
| 准备板件 | | 先准备浅色底材板件,因水珠效果显示比较通透,也属于浅蓝色系列,如果选择深色底材板件会导致水珠效果变深。在使用 P500 干磨砂纸打磨时,不能磨穿露底。打磨结束后清洁除油 |
| 喷涂浅蓝色 | | 喷涂浅蓝色,浅蓝色无须喷涂太厚,只需均匀遮盖底色即可。(因为水跟水性漆会融为一体,融为一体后水珠效果会变差,所以水珠施工的所有油漆都为油性漆) |
| 喷洒水珠 | | 使用喷水壶均匀的把水喷涂在板件上,(水珠大小根据自己想要的效果来确定)。注:喷涂水珠前应确定板件是否固定,不能晃动,喷好水珠后不能随意移动,防止水珠流动而影响水珠效果 |
| 喷涂白色 | | 从板件的一侧喷涂白色,喷涂时喷枪的气压为 1.50kPa左右,出漆量为 1 圈左右,如果气压太高会把水珠吹动,导致水珠效果变差。白色只能喷涂在水珠的一个侧面,且白色要在所有水珠的同一方向侧面,白色不能喷涂太厚,根据自己想要的效果来控制 |
| 喷涂深蓝色 | | 喷涂深蓝色,从板件另一侧喷涂深蓝色,深蓝色应喷涂在水珠上面白色的对面。蓝色不能喷涂太厚,以免把白色完全遮盖住,根据自己想要的效果来控制蓝色 |

| 步　骤 | 施工照片 | 工艺要求 |
|---|---|---|
| 烘烤 |  | 蓝色喷涂结束后,可以加温烘烤或自然干燥。烘烤时要注意烘烤温度,不宜过高,60℃左右即可 |
| 喷涂清漆 |  | 喷涂清漆,喷涂两道清漆,第一道清漆中湿喷涂即可,闪干后喷涂第二道清漆,第二道清漆需要全湿喷 |
| 烘烤 |  | 清漆喷涂结束后,先闪干10min左右再进行烘烤,烘烤温度不宜过高,控制在60℃左右即可 |
| 效果 |  | 烘烤结束后需检查效果是否合格,如果存在水印等缺陷,应使用P1000砂纸打磨清漆,打磨至亚光、不能磨穿,然后正常喷涂一遍清漆即可 |

## 3. 木纹喷涂

木纹是采用特殊的工艺与工具使漆面形成如木头纹理的图案,如图5-6-3所示。

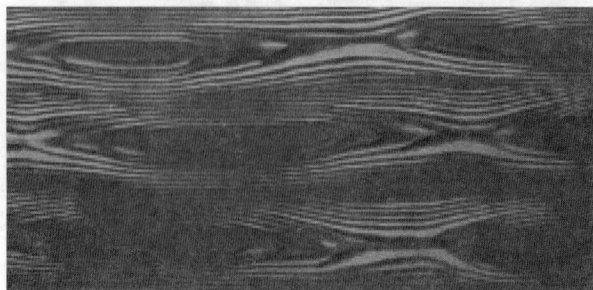

图5-6-3　木纹

木纹的涂装可利用常用的喷涂工具和木纹器得以实现。木纹器采用优质橡胶制成,由小半圆、中半圆和大半圆构成,如图5-6-4所示。木纹器施工拖动的手法可从小半圆拖动过渡到中半圆;中半圆拖动过渡到大半圆;小半圆到中半圆到大半圆,可以不断的变换手法。同部位,施工出来的纹理也各有差别,木纹纹理上半部的堆积感重些,木纹器的小半圆对准自己;反之,木纹工具的小半圆对准工件,木纹纹理的下半部的堆积感重些。

图5-6-4　木纹器

木纹涂装的具体施工方法详见表5-6-3。

表5-6-3

**木纹涂装的施工方法**

| 步　骤 | 施工照片 | 工艺要求 |
|---|---|---|
| 准备板件 |  | 　先准备一块白色底材的板件,因木纹效果主要是通过颜色的厚薄来呈现的,所以底材必须选择白色 |
| 喷涂浅棕色 |  | 　清洁后,先在白色底材上喷涂一层浅棕色,浅棕色不用闪干连续喷涂2~3层。(注:因施工过程中需要油漆流动,所以不能使油漆干燥太快,需要使用慢干型油漆) |
| 刮涂工具 |  | 　喷涂结束后使用木纹器从板件的一侧开始刮涂,根据需求来控制工具,以得到理想的木纹效果。<br>　在每排纹理施工后,下排纹理施工时可压住先前的纹理进行拖动施工,这样木纹纹理中间就无空白 |

| 步　骤 | 施工照片 | 工艺要求 |
|---|---|---|
| 检查纹理 | | 刮涂结束后检查板件,尽量一次性刮涂结束,不可二次刮涂,二次刮涂会使木纹混乱,效果不佳 |
| 喷涂浅棕色 | | 刮涂结束后,再喷涂 1～2 层棕色,根据自己想要的效果来控制喷涂棕色的厚度 |
| 喷涂清漆 | | 在木纹完全干燥后喷涂 2～3 遍清漆,喷涂后达到良好的光泽 |

## 课题 7　常见特效漆的特点与施工工艺

随着涂料工业的发展,目前市面上拥现出一大批具有特殊效果的汽车漆,如彩虹漆、镭射漆、晶片漆、荧光漆、电镀漆、钻石漆等。经过这类特效漆的涂饰,可使汽车外表更绚丽多彩,璀璨夺目。

各类特效漆的装饰效果截然不同,需根据实际需求进行选用,本节将介绍常见特效漆的特点与施工方法,详见表5-7-1。

常见特效漆的特点与施工方法　　　　　　　　　　　　表 5-7-1

| 名称 | 效果图片 | 特　点 | 施工方法 |
|---|---|---|---|
| 彩虹漆 | | 彩虹漆是最顶尖的光线变化效果的油漆,由无数细小光变颗粒组成。只需微弱的光线就能显示出七色彩虹效果,光线越强,彩虹效果越出色 | 三工序喷涂步骤:<br>(1)选择1K底色漆,与稀料1:1配比,充分搅匀之后喷涂2～3遍;<br>(2)施喷彩虹漆,与稀料1:(1～1.5)配比,充分搅匀之后喷涂2～4遍;<br>(3)喷涂2K清漆 |

| 名称 | 效果图片 | 特　　点 | 施工方法 |
|---|---|---|---|
| 变色龙 | | 　　变色龙漆是一种能在不同的观看角度显现出不同颜色变化的油漆,其颜色过渡自然流畅,色彩绚丽,给视觉带来强烈的色彩流动感。常见的变色龙漆可呈现2~6种不同的颜色 | 三工序喷涂步骤:<br>　　(1)选择对应色号专用底色漆,与稀料1:1配比,充分搅匀之后喷涂2~3遍;<br>　　(2)施喷变色龙漆,与稀料1:(1~1.2)配比,充分搅匀之后喷涂2~4遍;<br>　　(3)喷涂2K清漆 |
| 镭射漆 | | 　　镭射漆是光线变化效果的油漆,在强光的环境下能呈现出像闪烁的钻石般璀璨夺目的光泽 | 三工序喷涂步骤:<br>　　(1)选择1K底色漆,与稀料1:1配比,充分搅匀之后喷涂2~3遍;<br>　　(2)施喷镭射漆,与稀料1:(1~1.5)配比,充分搅匀之后喷涂2~4遍;<br>　　(3)喷涂2K清漆 |
| 晶片漆 | | 　　晶片漆是在漆料中增加了大颗粒的变色晶片,一般有不同的双色变化,不同规则大小的晶片颗粒感、立体感强 | 三工序喷涂步骤:<br>　　(1)选择1K底色漆,与稀料1:1配比,充分搅匀之后喷涂2~3遍;<br>　　(2)施喷晶片漆,与稀料1:(1~1.5)配比,充分搅匀之后喷涂2~3遍;<br>　　(3)喷涂2K清漆 |
| 荧光漆 | | 　　荧光漆色彩出众,醒目鲜艳,光泽高,可将紫外线转化为可见光,也可在可见光源照射下自行发光 | 三工序喷涂步骤:<br>　　(1)选择1K底色漆,与稀料1:1配比,充分搅匀之后喷涂2~3遍;<br>　　(2)施喷荧光漆,与稀料1:1配比,充分搅匀之后喷涂2~4遍;<br>　　(3)喷涂2K清漆 |

续上表

| 名称 | 效果图片 | 特　点 | 施工方法 |
|---|---|---|---|
| 电镀漆 | | 电镀漆可以喷涂于任何材质的光滑表面,喷涂后可呈现真正的镜面效果 | 四工序喷涂步骤:<br>(1)先喷涂1K超黑底色漆;<br>(2)施喷2K清漆;<br>(3)对底材进行彻底清洁;<br>(4)施喷电镀漆,无须任何配比,搅匀后直接使用;<br>(5)完全干燥后施喷电镀清漆 |
| 钻石漆 | | 钻石漆能在强光下变化呈现出七彩闪钻的特效,每个颗粒都晶莹璀璨,在光线下,不同的观察角度,颗粒颜色变幻由金、紫、红、绿、兰、青、黄组成,最终形成七彩转换视觉效果 | 三工序喷涂步骤:<br>(1)选择1K底色漆,与稀料1:1配比,充分搅匀之后喷涂2~3遍;<br>(2)施喷七彩钻石漆,与稀料1:(1~1.5)配比,充分搅匀之后喷涂2~3遍;<br>(3)喷涂2K清漆 |
| 特效亚光漆 | | 特效亚光漆为单工序面漆,喷涂后可呈现亚光效果。部分品牌的产品有一系列的颜色可供选择,如某品牌的特效亚光漆可提供来自全球16款顶级跑车亚光原厂色 | 单工序喷涂:<br>(1)与常规涂料喷漆一样,先做好准备工作,比如打磨补灰,喷2K中涂漆等;<br>(2)特效亚光漆2份:亚光固化剂1份:消光稀料1份,按配比将漆料充分搅拌均匀后,喷涂2~3遍 |
| 特效金属亚光漆 | | 特效金属亚光漆采用亚色金属原浆特殊加工,是前所未有的单工序的金属漆体,突破传统,一步到位。如某品牌全系列9色,包含主流的黄金色、闪银、古铜、金属黑、炭灰等 | 单工序喷涂:<br>(1)与常规颜色喷漆一样,先做好准备工作,比如打磨补灰喷2K中涂底漆等;<br>(2)金属亚光漆2份:亚光金属固化剂1份:金属稀料1份,按配比将漆料充分搅拌均匀后,喷涂2~3遍 |

| 名称 | 效果图片 | 特　　点 | 施工方法 |
|---|---|---|---|
| 金葱粉体 |  | 金葱粉体材料有超高的闪烁度，每个粒径切合整齐，其耐候性、色泽度及涂装性良好，每个色彩均可相互配色，能满足不同色彩需要 | 三工序喷涂步骤：<br>（1）选择1K底色漆，与稀料1:1配比，充分搅匀之后喷涂2~3遍；<br>（2）施喷金葱粉体材料，与稀料1:（1~1.5）配比，充分搅匀之后喷涂2~3遍；<br>（3）喷涂2K清漆 |
| 梦幻水晶漆 |  | 梦幻水晶漆是白色系水晶漆，透明度高，具有无可替代的珍珠贝壳光泽，颜色优雅自然，是目前应用于超级跑车的原厂漆白色系最多的颜色 | 三工序喷涂步骤：<br>（1）选择底色漆，与稀料1:1配比，充分搅匀之后喷涂2~3遍；<br>（2）施喷梦幻水晶漆，与稀料1:（1~1.2）配比，充分搅匀之后喷涂2~3遍；<br>（3）喷涂2K清漆 |

说明：以上各类特效漆的施工方法是以某涂料品牌为例进行说明的，但各涂料品牌之间存在着一定的施工差异，如涂料的调配比例不同等，施工时还应根据实际使用的涂料品牌的产品使用说明书进行调配与施工。

# 课题8　各种常见涂膜缺陷的产生原因和防治

涂装过程中出现的涂膜缺陷种类很多，一般与被涂物表面的状态、选用的涂料、涂装方法及操作、涂装工艺及设备和涂装环境等因素有关。现将汽车涂装工作中最常见的几种涂膜缺陷及其防治方法介绍如下。

## 一、颗粒、尘点

涂膜中的凸起物呈颗粒状分布在整个或局部表面上的现象称为颗粒，如图5-8-1所示。由混入涂料中的异物或涂料变质而引起的凸起称为涂料颗粒；金属闪光涂料中铝粉引起的凸起称为金属颗粒；在涂装时或刚涂装完的湿涂膜上附着的灰尘或异物称为尘点。

图5-8-1　颗粒

### 1.产生原因

（1）涂装环境的空气清洁度差。喷烤漆房的空气未经过滤或过滤不当。

（2）被涂物表面不清洁，在喷涂前未用粘尘布擦净。

（3）喷烤漆房内环境差，有灰尘积存或在喷烤漆房内进行打磨作业等。

（4）车辆缝隙、沟槽处的灰尘未除净或使用品质不佳的遮蔽纸。

（5）压缩空气未过滤或过滤不当。

（6）涂料中混异物，在使用前未经过滤。

（7）涂料变质，如漆基析出、颜料分散不佳或产生凝聚、有机颜料析出、闪光色漆中铝粉分散不良等。

（8）施工人员带来的灰尘，如工作服上的灰尘及纤维等。

**2. 预防措施**

（1）建立良好的防尘、清洁管理制度。对喷烤漆房、涂装设备及供气系统进行定期的彻底清理维护，确保涂装环境洁净。

（2）保证被涂物表面的清洁，在喷涂前应用粘尘布擦净。

（3）供气管路上必须要安装过滤系统。

（4）不使用变质或分散不良的涂料。

（5）喷漆施工时，施工人员应穿戴不掉纤维的专用喷漆服。

（6）车辆要清洗干净，贴护用遮蔽纸质量要好，不得掉纤维。

（7）涂料存放、调配时要尽量避免异物混入，使用前必须要用滤网过滤。

**3. 补救方法**

（1）缺陷轻微的应待涂膜完全干固后，再以极细的砂纸作湿打磨，之后抛光研磨使光泽重现。

（2）颗粒多、影响面积大的应待涂膜干固后打磨平整，并重新喷涂。

## 二、流挂

流挂是指在喷涂和干燥过程中垂直或斜曲表面上，涂膜局部喷涂过厚因重力影响而出现的水滴似向下流动，使涂膜产生不均一的条纹和流痕的现象，如图5-8-2所示。

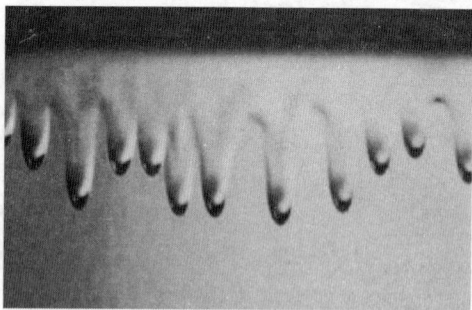

图5-8-2　流挂

**1. 产生原因**

（1）喷涂操作不当，一次喷涂过厚、重叠枪幅过多、喷涂距离过近、移动速度过慢及喷涂角度不正确等。

（2）涂料调配不当，施工黏度偏低或选用稀释剂、固化剂不正确。

（3）被涂物表面过于光滑或表面温度过低。

（4）采用"湿碰湿"喷涂时，各涂层之间的相隔时间过短。

（5）喷枪的选择和调试不正确，所选用喷枪口径过大，出漆量调节过大。

（6）喷涂环境不佳，缺乏适当的空气流动和温度。环境温度过低或周围空气中溶剂蒸气含量过高。

**2. 预防措施**

(1)提高喷涂操作人员的熟练度。

(2)严格控制涂料的施工黏度和温度，根据喷涂环境温度正确选择稀释剂、固化剂。

（3）被涂物表面必须经过相应的打磨处理，以提高涂层附着力。

（4）冬天喷漆时，应待被涂物表面温度与喷烤漆房温度一致时再施工。

（5）根据所喷涂料的种类正确选择喷枪口径，调节合适的出漆量、气压等。

（6）确保喷烤漆房正常的风速，尽量提高喷涂环境温度，一般应保持在20℃左右。

（7）"湿碰湿"喷涂必须要留有适当的闪干时间，待前一道涂层表干后再喷涂第二道。

**3. 补救方法**

（1）缺陷轻微的应待涂膜完全干固后，再以极细的砂纸作湿打磨，打磨平整之后抛光研磨使光泽重现。

（2）流挂严重，影响面积大的，则应待涂膜干固后打磨平整，并重新喷涂。

## 三、缩孔

缩孔是指涂料受被涂物表面存在的（或混入涂料中的）异物（如蜡、油或硅酮等）的影响，涂料不能均匀附着在其表面，出现无涂料的斑点状凹坑的现象，如图5-8-3所示。

**1. 产生原因**

（1）所用涂料的表面张力偏高，流平性差，释放气泡性差，本身对缩孔的敏感性差。

（2）调漆工具及设备不洁净，使有害异物混入涂料中。

（3）被涂物表面不干净，有脂肪、油、蜡、肥皂、硅酮等异物附着。

（4）涂装车间中空气不清洁，有油雾、漆雾、蜡雾等。

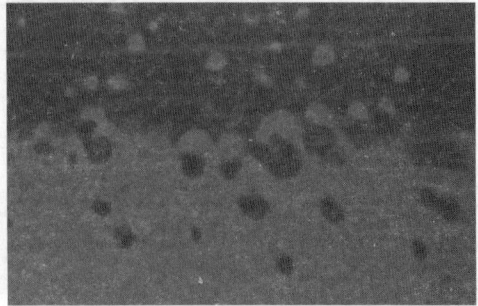

图5-8-3　收缩

（5）涂装工具、工作服、手套不干净。

**2. 预防措施**

（1）在选用涂料时，要注意涂料对缩孔的敏感性。

（2）在喷漆间，无论是设备、工具，还是生产用辅助材料等，绝对不能带有对涂料有害的物质，尤其是硅酮。

（3）应确保压缩空气清洁，无油无水。

（4）确保涂装环境清洁，空气中应无灰尘、油雾和漆雾等漂浮。

（5）严禁用手、脏擦布和脏手套接触被涂物表面，确保被涂物表面的清洁。

（6）在旧涂层上喷漆时，应用砂纸充分打磨，并擦拭干净。

**3. 补救方法**

（1）缺陷轻微、数量较少时，可在涂膜未干燥之前，可用小毛笔蘸取相同涂料细仔填补。

（2）缺陷在明显部位或比较严重时，则应待涂膜干固后打磨平整，并重新喷涂。

## 四、云斑（金属斑纹）

云斑是指在喷涂金属银粉漆面时，因喷涂的厚度不均匀，施工方法不当和所用溶剂与涂料不配套而引起的银粉分布不匀，定向不匀，导致涂膜外观颜色有深浅不均匀的现象，如图

图 5-8-4　云斑

5-8-4 所示。

**1.产生原因**

（1）涂料配方不当（如铝粉含量偏低、溶剂的密度大、树脂的分子量低等）。

（2）喷涂时涂料黏度过低或过高。

（3）涂层过厚或涂膜不均匀，雾化差，喷涂操作不熟练。

（4）喷涂银粉漆与清漆采用"湿碰湿"工艺时，中间间隔时间过短。

（5）喷涂环境温度偏低。

（6）涂层受湿空气或潮湿天气影响。

**2.预防措施**

（1）改进涂料配方，使用油漆厂指定的溶剂。

（2）选用合适的喷涂黏度。

（3）提高喷涂操作者的熟练程度，采用专业喷涂工具。

（4）采用"湿碰湿"工艺时，中间相隔时间要足够。

（5）将喷涂时的环境温度调节到合适的范围内。

**3.补救方法**

（1）若未喷涂罩光清漆，可让涂层表面稍干后，再使用正确的喷涂技术薄喷一道面漆。

（2）若已经喷涂罩光清漆，则需要待涂膜干燥后打磨并重新喷涂。

## 五、橘皮

橘皮是指在喷涂时涂料不能形成平滑的表面，而出现类似橘皮、柚子皮状的凹凸现象，如图 5-8-5 所示。

**1.产生原因**

（1）涂料黏度大，流平性差，稀释剂选择不当。

（2）喷涂气压力低，出漆量过大或喷涂工具不佳，导致涂料雾化不良。

（3）喷涂技术不良，喷涂距离太远，涂层过薄。

（4）被涂物和空气的温度偏高，喷烤漆房内风速过大，稀释剂挥发过快。

图 5-8-5　橘皮

**2.预防措施**

（1）选用合适的稀释剂，添加流平剂或挥发较慢的高沸点有机溶剂，确保涂料施工黏度正确，以改善涂料的流平性。

（2）选择合适的压缩空气压力，调整喷涂气压和出漆量，选用雾化性能好的喷涂工具，使涂料达到良好的雾化。

(3)提高喷涂技术,保证适当的喷涂距离、喷涂速度及重叠幅度,一次喷涂达到规定厚度。

(4)被涂物温度应冷却到50℃以下,喷烤漆房内的温度应保持在20℃左右。

**3.补救方法**

(1)轻微的橘皮缺陷可待涂膜完全干固后,再以极细的砂纸作湿打磨,打磨平整之后抛光研磨使光泽重现。

(2)橘皮严重且面积大的,则应等涂膜干固后打磨平滑,并重新喷涂。

## 六、针孔

针孔是指在涂膜上产生针状小孔或像皮革的毛孔那样的孔状现象,如图5-8-6所示。

**1.产生原因**

(1)涂料的流动性不良,流平性差,释放气泡性差。

(2)被涂物表面上有小孔,表面的温度过高或有污物(如焊药等)。

(3)涂料中混入其他物质,如溶剂性涂料中混入水分等。

(4)涂装后晾干不充分,烘干时升温过急,表面干燥过快。

(5)环境湿度过高。

图5-8-6 针孔

**2.预防措施**

(1)选用合适的涂料,避免使用不合格的涂料。

(2)改善涂装环境,防止混入其他有害物质。

(3)喷涂后应按规定晾干,烘干时升温不可过急,可添加挥发性慢的溶剂使湿涂膜的表干减慢。

(4)注意被涂物的温度和表面的洁净度,彻底消除被涂物表面的小孔。

**3.补救方法**

涂层表面出现针孔时,应将针孔彻底打磨清除掉后重新喷涂。

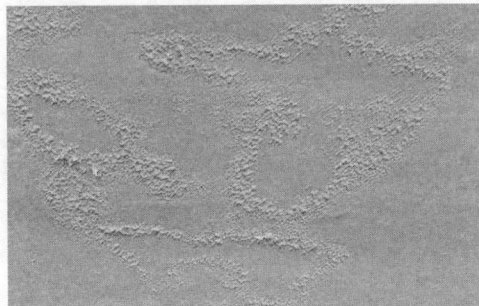

图5-8-7 咬起

## 七、咬起

喷涂面漆后底漆(或旧漆层)被咬起脱离,产生皱纹、胀起、起泡等现象称为咬起,如图5-8-7所示。喷涂含强溶剂涂料(如硝基漆)时,易产生这种现象。

**1.产生原因**

(1)底漆层未干透就涂下一层。

(2)涂料不配套,底漆层的耐溶剂性差或面漆中含有能溶胀底涂层的强溶剂。

（3）单次喷涂得过厚。

**2. 预防措施**

（1）底漆层干透后再涂面漆。

（2）改变涂料体系，另选用合适的底漆。

（3）在易产生咬起的涂层上，应先在底涂层上薄薄喷涂一层面漆，待稍干后再喷涂。

**3. 补救方法**

（1）若缺陷轻微，可待涂膜干燥后彻底打磨，去除所有咬起痕迹后重新喷涂。

（2）若咬起严重或因咬起导致涂膜干燥变慢，则应将缺陷部位涂膜全部铲除至底材，重新涂装。

## 八、砂痕

喷涂面漆或面漆干燥后仍能清楚地看到大量呈凹槽状印记的现象称为砂痕，如图 5-8-8 所示。这是由于面漆遮盖不住之前的砂纸打磨痕迹而产生的缺陷，这类缺陷严重影响涂层的光泽、平滑度、丰满度和鲜映性。

**1. 产生原因**

（1）所选用的打磨砂纸太粗或质量差。

（2）打磨工具的状况不良或操作不认真。

（3）在打磨平面时未采用打磨垫，局部用力过猛。

（4）底漆层未干透（或未冷却）就进行打磨。

图 5-8-8　砂痕

**2. 预防措施**

（1）选用优质砂纸和合适级号的砂纸。

（2）喷涂面漆前的涂层不宜过厚，应允分干透冷却后再打磨。

（3）确保打磨工具的技术状态良好，操作认真，在打磨平面时应采用打磨垫，并注意打磨方向。

（4）打磨后应进行打磨质量检查。

**3. 补救方法**

（1）缺陷轻微，可待涂膜干燥后进行抛光作业去除砂痕。

（2）若砂痕严重，则应等面漆完全干固后，重新打磨涂装。

## 九、起泡、起痱子

涂膜的一部分从被涂面或底涂层上鼓起，且其内部含有空气或水分的现象称为起泡，一般直径为 1～5mm，还有直径更小的，呈"痱子状"，称为起痱子，如图 5-8-9 所示。

**1. 产生原因**

（1）被涂物表面有油、汗液、盐碱、打磨灰等亲水物质残存。

（2）清洗被涂物面的最后一道用水的纯度差，含有杂质离子。

（3）所用涂料的涂膜耐水性或耐潮湿性差。

(4)涂膜固化不充分,在完全干燥前就暴露在潮湿、高温环境中。

(5)涂层厚度不足,稀释剂使用不正确。

**2.预防措施**

(1)被涂物表面应清洁,绝不允许有亲水物质,尤其是水溶的盐碱残存。

(2)漆前最后一道最好选用去离子水水洗,如果使用自来水冲洗,则一定要用干布擦干、吹干、烘干。

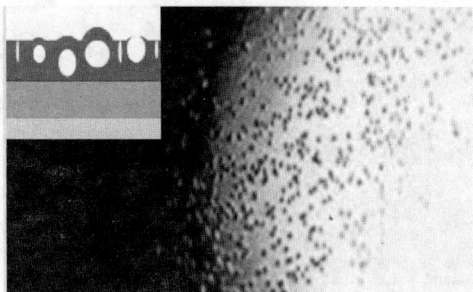

图5-8-9 起痱子

(3)裸手不得接触被涂物表面。

(4)喷涂底漆及面漆均应达到规定的厚度。

(5)压缩空气应清洁。

(6)各涂层之间应留有足够的干燥时间。

(7)必须让涂层完全干燥后才可暴露于潮湿、高温环境中。

**3.补救方法**

出现起泡、起痱子缺陷时,应等面漆完全干固后,重新打磨涂装。

# 十、失光

涂料在使用过程中出现光泽减小,清晰度变差的现象称为失光,如图5-8-10所示。失光缺陷是涂层耐候性不好的前期表现。

图5-8-10 失光

**1.产生原因**

(1)涂装不良,未按工艺执行,如涂得过薄、过烘干和被涂面粗糙等。

(2)所选用涂料的耐候性差。

(3)涂膜(尤其是挥发干燥型涂料)干燥收缩造成。

(4)阳光照射、水汽(高温高湿)作用和腐蚀气体的脏污。

**2.预防措施**

(1)严格按工艺要求或漆厂推荐的涂料施工条件进行涂装。

(2)按被涂物的使用条件,选用耐候性优良的涂料。

(3)如所用涂料有抛光性,则进行抛光即可恢复光泽。

**3.补救方法**

(1)失光缺陷比较轻微的,可采用抛光方法进行处理。

(2)缺陷严重时,则应采取重新喷涂作业来修复。

# 单元六
# 汽 车 改 装

**教学要求**

完成本单元学习后,你应能:

1. 了解汽车改装的项目种类及相关法规;

2. 知道底盘装甲的意义、种类与作用;

3. 掌握底盘装甲的操作方法及注意事项;

4. 知道大包围的组成、种类、作用及选用原则;

5. 掌握大包围改装的操作方法及注意事项;

6. 知道汽车多媒体一体机的功能与组成;

7. 掌握一体机改装的操作方法与注意事项;

8. 知道车用氙气灯的工作原理、组成、改装方式等相关知识;

9. 掌握氙气灯改装的工艺和注意事项;

10. 知道汽车音响改装的种类和音响系统的组成;

11. 了解汽车音响系统选配的注意事项;

12. 掌握汽车音响系统升级改装的工艺和注意事项;

13. 知道汽车悬架系统的组成、种类与作用;

14. 了解汽车悬架改装的操作方法及注意事项;

15. 知道汽车涡轮增压系统的组成、种类与作用;

16. 了解汽车涡轮增压系统改装的操作方法及注意事项。

建议课时:30课时。

## 课题 1  汽车改装概述

汽车改装(Car modification)是指根据汽车车主需要,将汽车制造厂家生产的原形车进行外部造型、内部造型以及力学性能的改动。一提到汽车改装,很多人都会以为是汽车狂热发烧友的专利。实际上汽车改装在国外已经成为了一种时尚,在改装车热情最高的日本和美国,已经很少见到未经任何改动的原车。许多厂商在新车发布后,都会针对相应的车型提供相当多的改装配件,以及为车主提供比较明晰的改装指引,而许多大车厂甚至还有专门改装自己汽车的改装公司(分部),如改装奔驰的 AMG,改装丰田的 TRD 等。一辆车的改装结果往往能体现出车主的品位以及他对驾驶的看法。

目前,在我国汽车改装一般有两种情况。第一种是传统的汽车改装,即用国家鉴定合格的发动机、底盘或总成,重新设计、改装、生产与原车型不同的但具有专门用途的汽车,如救护车、消防车、运钞车等专用汽车,此类汽车生产厂一般称为汽车改装厂;第二种是在已领有牌照的汽车上,为了达到某种目的而进行的加装、换装、选装、强化、升级等工作。本单元所涉及的是指第二种汽车改装。

## 一、汽车改装的项目

家用汽车的改装内容一般包括车辆外形改装、动力系统改装、操控性能改装、越野性能改装、灯光改装、音响改装、轮胎改装以及汽车内饰的改装等,具体见表6-1-1。

民用汽车改装的项目 表6-1-1

| 序号 | 改装归类 | 汽车改装项目 |
|---|---|---|
| 1 | 发动机改装 | 进气系统、排气系统、供油系统、点火系统、气门、涡轮增压、节油器、点火线圈等 |
| 2 | 底盘改装 | 排挡锁、车轮锁、自排锁、底盘装甲、悬架、制动系统、轮毂、轮胎等 |
| 3 | 电器改装 | 前灯罩、后灯罩、边灯框、装饰灯、电动窗帘、倒车雷达、氙气灯、LED 灯、中控锁、音响、GPS 定位系统等 |
| 4 | 外形改装 | 大包围、尾翼、车顶行李架、防撞杠、门槛踏板、车牌架等 |
| 5 | 内饰改装 | 桃木内饰、真皮座椅、跑车座椅、电动座椅、地毯等 |

## 二、汽车改装相关法规

汽车改装要注意改装后的汽车是否符合国家《机动车登记规定》,否则在行驶过程中有可能被处罚或者年检不过关。

2012 年修订后的《机动车登记规定》与汽车改装有关的规定如下。

第十条已注册登记的机动车有下列情形之一的,机动车所有人应当向登记地车辆管理所申请变更登记:

(一)改变车身颜色的;

(二)更换发动机的;

(三)更换车身或者车架的;

(四)因质量问题更换整车的;

(五)营运机动车改为非营运机动车或者非营运机动车改为营运机动车等使用性质改变的;

(六)机动车所有人的住所迁出或者迁入车辆管理所管辖区域的。

第十一条申请变更登记的,机动车所有人应当填写申请表,交验机动车,并提交以下证明、凭证:

属于更换发动机、车身或者车架的,还应当提交机动车安全技术检验合格证明。

第十五条有下列情形之一的,不予办理变更登记:

(一)改变机动车的品牌、型号和发动机型号的,但经国务院机动车产品主管部门许可选装的发动机除外。

(二)改变已登记的机动车外形和有关技术数据的,但法律、法规和国家强制性标准另有规定的除外。

# 课题2 汽车底盘装甲

俗话说"烂车先烂底",终年不见阳光,历经无数坎坷的汽车底盘,腐蚀和损坏的隐患是很大的。现在汽车的底盘都很低,在行驶过程中一些被飞溅起来的沙石不停的撞击底盘;在凹凸不平的路面行驶,汽车底盘还有可能被托底;更严重的甚至直接损坏到发动机;雨雪天汽车底盘易粘结泥块,受到雨水、雪粒的锈蚀;雪后道路上布满具有极强腐蚀的融雪剂,更是对汽车底盘造成致命的摧残,大大缩短车辆的使用寿命。

而现在很多汽车制造商一味地在降低成本,在新车出厂时,只给汽车底盘喷了一层薄薄底盘涂料(有些是PVC材料的),有的车甚至连这样的涂料也只是简单的喷一下局部,大部分把防锈漆和镀锌层暴露在外。像这样的简单的防锈漆和镀锌层在理想的环境下也许是可以对汽车底盘起到防锈作用的,但是在汽车日常行驶过程中这样的处理是根本不起作用的,所以在买车后给车辆穿一件底盘装甲是非常必要的。

## 一、汽车底盘装甲的作用

### 1. 阻隔气候影响

夏日里地表的烘烤,酸雨的侵袭,大气的潮气、盐分、冬季雪道上除雪剂的腐蚀等每一种因素都能侵蚀车底。底盘装甲可有效防止汽车生锈,预防提前老化,即时在沿海城市温暖潮湿的气候下,带有盐分的海风吹拂也不会将钢筋铁骨蹂躏得伤痕累累。

### 2. 防御沙石撞击

首先是防止泥土包裹发动机,导致发动机散热不良,其次是为了行驶过程中防止由于凹凸不平的路面对发动机及底盘造成撞击而造成车辆的损坏,通过一系列设计达到延长发动机使用寿命,避免出行过程中由于外在因素导致发动机损坏的汽车抛锚。当然,底盘装甲可以保护汽车底盘原有的防锈漆和镀锌层,以防金属裸露在外并与空气中的潮气和酸雨等接触生锈,强效抵御锈渍迅速蔓延腐蚀汽车内壳机件。

### 3. 加强行驶安全

受损的底盘可能会导致底盘的一些零件变形,特别是上下摆臂、左右方向拉杆等容易发生变形,一些轻微碰刮同样会引起油底壳或自动变速器等发生轻微渗漏。这些变形和渗漏不容易被检测到,但是会严重影响行车安全。而进行了底盘防撞防锈处理之后,底盘不受损,安全自然有保障。

### 4. 为车辆保值

数据显示,通常新车使用三年左右,就会发生锈蚀。而与之相对应的一个事实是:车辆维护越好,价值越高。经过一段时间的行驶之后,无论是自己使用还时准备换新车,经过底盘防撞防锈处理的车肯定是能够拥有更高的价值。尽管买车一般都不会冲着投资而去,但同样一辆车,在若干年后,价值的差别却是立竿见影。

**5. 提高驾驶舒适度**

由于底盘防撞防锈采用具有弹性的材质密封性处理，一方面大大增加了车辆行驶的平稳度;另一方面极大降低行驶过程中车辆的噪声。所以在驾驶的舒适度上比没有做过底盘防撞防锈的车辆高很多。

## 二、底盘装甲的分类

### 1. 化学装甲

化学装甲的学名是汽车底盘防撞防锈隔音涂层("UNDERCOATING"底漆)，是一种高科技的黏附性橡胶沥青涂层，具有无毒、高遮盖率、高附着性等优点，可喷涂在车辆底盘、轮毂、油箱、汽车下围板、行李舱等暴露部位，干燥后可形成一层牢固的弹性保护层，能防止飞石和沙砾的撞击，避免潮气、酸雨、盐分对车辆底盘金属的侵蚀，保护车主的行车安全。此类底盘装甲的耐磨性良好，在温度高达140℃左右的情况也不会流动和下垂，同时弹性保护层能够减轻驾驶时道路和轮胎的噪声，提高车主的加速舒适度。

### 2. 物理装甲

所谓的物理装甲是在发动机和底盘上安装各种材质的护板。护板是根据各种不同车型定身设计的发动机防护装置，其设计首先是防止泥土包裹发动机，导致发动机散热不良，其次是为了行驶过程中防止由于凹凸不平的路面对发动机造成撞击而造成发动机的损坏，通过一系列设计达到延长发动机使用寿命，避免出行过程中由于外在因素导致发动机损坏的汽车抛锚。

## 三、底盘装甲施工工艺与步骤

(1)化学装甲施工工艺详见表6-2-1。

化学装甲施工工艺　　　　　　　　　　　　　　表6-2-1

| 步　骤 | 施工照片 | 工艺要求 |
|---|---|---|
| 清洗底盘 | | 首先用举升机将汽车升高，拆除车轮和内翼子板保护胶板，用高压水枪冲洗底盘，去除底盘上粘结的油泥和沙子，还可以用常见的铁丝网刷，把车底附着的泥沙、油污、腐锈和其他杂物刮掉，直到露出金属的本色为止。再用高压吹风枪将缝隙中的水吹出，并用毛巾将水擦干 |
| 局部遮蔽 | | 由于发动机底壳、变速器外壳需要散热，如果防锈材料喷在上面，会影响其散热效果;更不能喷在排气管上，车辆行驶时排气管的高温，会将表面的附着物烤焦而发出难闻的臭味。所以，必须先用遮蔽纸将这些部位遮盖，同时注意车身上的传感器、减振器和车身周围裙边等部位也要遮蔽好。<br>最后用遮蔽膜将车身遮蔽 |

续上表

| 步　骤 | 施 工 照 片 | 工 艺 要 求 |
|---|---|---|
| 喷涂 |  | 　操作人员须穿戴口罩、手套等防护用品。防腐涂料经高压喷枪喷出,均匀覆盖在车辆底盘上。<br>　一般来说,底盘装甲的厚度在3mm左右,也可以根据顾客的要求反复喷涂,直到达到顾客要求的厚度为止。<br>　需要注意的是喷涂完前一次后约半小时后,才能喷涂下一次 |
| 干燥 |  | 　如果天气晴朗干燥,汽车喷涂2~4h后就能投入使用,但完全干燥还需要等待三天,在这三天内、最好不要用高压水枪对底盘进行清洗。干燥后的保护膜可以很好地黏附在清洁的汽车底盘上,具有极强的耐磨性和抗腐蚀性 |
| 清洁与装配 |  | 　待涂料表面干燥后去除遮蔽纸和遮蔽膜,检查是否有误喷的位置并进行清洁处理。<br>　安装底盘拆卸的相关部件,并紧固到规定的力矩,完工后进行车辆的清洗 |
| 喷涂后效果对比 | 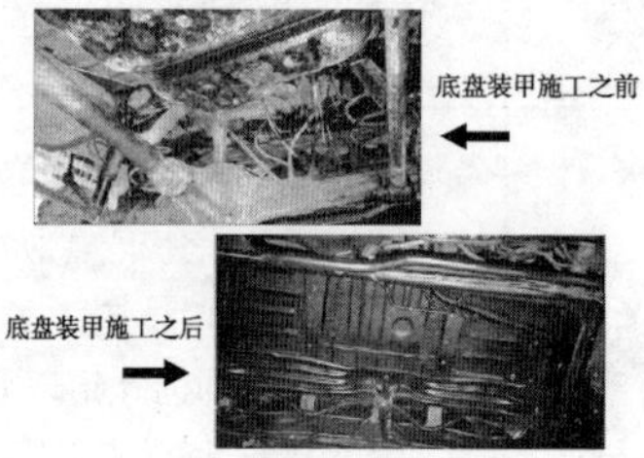 | 　底盘装甲后,明显提高车身的防腐隔音效果 |

　(2)物理装甲施工工艺详见表6-2-2。

124

物理装甲施工工艺 表 6-2-2

| 步 骤 | 施工照片 | 工艺要求 |
|---|---|---|
| 安装配套螺杆 | | 首先用举升机将汽车升高,将螺栓由上往下穿出,注意位置的准确性 |
| 安装护板 | | 安装下护板应注意,先将螺母安装少许螺纹,方便调整安装位置 |
| 拧紧螺栓 | | 以对称的方式拧紧螺栓 |
| 安装完成 | | 检查护板是否与发动机、传动系统有摩擦,以防止产生异响 |

## 四、汽车底盘装甲的注意事项

(1)检查喷涂部位有无出现滴流现象。

(2)检查车身表面或喷涂禁区有无底盘装甲产品附着。

(3)喷涂次数一般为 2 遍,目测涂层厚度为 3mm 左右。

(4)观察底盘施工部位有无出现喷涂不均匀产生堆积和流挂现象。

(5)检查底盘有无遗留的材料以及是否出现遗漏遮蔽而被喷涂到的部位,检查所有喷涂部位是否出现施工遗漏现象。

(6)遮蔽部位有无遮蔽材料残留。

(7)安装底盘拆卸的相关部件时,应按规定的力矩紧固。轮胎安装完毕后,再次检验螺母的固定情况,确保无松动,达到规定力矩。

# 课题3  大包围和尾翼改装

车身外观的改装一直占有相当重要的地位,一般的外观改装主要包括前后杠、防撞条、饰条、大包围、窗边晴雨挡等。改变车身外观最迅速、最有效的方式就是加装大包围,如图6-3-1所示。

图6-3-1  大包围和尾翼

汽车大包围源自于赛车运动,专业名称称作"车身外部空气扰流组件",一般指汽车车身下部宽大的裙边式装饰,用于改善车身周围的气流对运动中车身稳定性的影响。

汽车加装大包围可使车身加长、重心降低,使车身显得更加美观和气派,给人以安全、稳健、踏实、庄重之感。

## 一、大包围的组成

大包围由前包围、后包围和侧包围等组成。其中,前、后包围有全包围式和半包围式两种形式。全包围式是将原来的保险杠拆除,然后装上大包围,或是将大包围套在原保险杠表面,覆盖原保险杠;半包围式是在原保险杠的下部附加一装饰件,这样可以不用拆除原保险杠;侧包围又称侧杠包围或侧杠裙边。尾翼也是大包围的一个部分。

## 二、大包围的功用

(1)提高汽车行驶的稳定性和轮胎的附着性能。

(2)高速行驶时减少耗油量。加装大包围后,汽车的空气阻力系数能降低20%。如果低速行驶,耗油量减少或许不明显,但如果高速行驶,则能省油大约10%。

(3)清除浮尘。轿车和旅行车的车身后部常安装有小型尾翼,它们使车顶上的一部分气流被引导流过后车窗表面,这样既可使车辆后部的升力降低,也可利用气流将后车窗表面浮尘清除,避免灰尘附着影响汽车后视野。

(4)美观,张扬个性。

(5)有利于散热。一些具有特殊形状和材质的大包围部件如大面积开孔的前保险杆、开窗前翼子板等,都能提高车辆的散热效果。

## 三、大包围的原理

准确地说,大包围是为了减少汽车高速行驶中产生的浮力而设计的。如果把空气看作是有形的东西,汽车在高速行驶的时候,车前部空气会分成两个部分,一部分从车辆的上部通过,一部分从车辆的下部通过。相同时间内,车上部的空气经历的路程要长于下部流经的空气,因而车辆上部的气压要小于下部,这样就产生了从下往上压力差。极端情况下,汽车产生的升力能抵消掉汽车的重力,等于车辆悬浮起来完全失去抓地力,这对高速行驶的车辆是一件很危险的事情。

大包围就是把刚才所描述的过程颠倒过来,做成下部行程长,上部行程短的结构,这样就能获得一个向下的气流压力,抵消车辆的升力。而且现在大部分跑车都是采用后轮驱动,尾翼此时提供的负升力正好作用在车辆后部,对提升车辆的稳定性和加大抓地力很有好处。

实际上,汽车在低速时,气流对汽车的影响较小,大包围的作用根本不大,所以较小的汽车(小于 2.0L 的汽车)装个大包围更是显得很笨重。只有当车的速度经常超过 90km/h,这时空气阻力明显地影响着汽车的行驶性能,装空气扰流组件的意义才能体现出来。

## 四、大包围的制作材料

### 1. 塑料

用塑料制作的大包围套件的质量相对较高,是各名牌汽车改装厂生产大包围的主要材料。

### 2. 玻璃钢

用玻璃钢制作的大包围套件,虽然在细腻程度等方面不如塑料件,但因制作方便,生产成本低,所以多数生产商首选玻璃钢为生产大包围的材料。

### 3. 合成橡胶

用合成橡胶制作的大包围套件,具有较大的温度适应范围,气温在 − 80 ~ 50℃之间都不会出现变形,此外它还具有较好的耐冲击能力。

## 五、大包围的选用

### 1. 配套性原则

目前装饰件生产厂家的大包围总成件基本上都是以特定的车型为准而设计制作的。在制作中,又根据制作的材质和工艺而分为标准型、豪华型。在选择时应根据不同的车型,选择与之配套的大包围。

### 2. 协调性原则

大包围的造型和颜色要与车身融为一体,做到总体平衡协调。

### 3. 安全性原则

汽车安装大包围不能影响整车性能和行车安全,选择大包围时要考虑路面状况,只有完全平坦良好道路上行驶的汽车才能加装大包围,所有饰件与地面应保持一定距离(至少20cm)。

**4. 标准性原则**

选择的大包围组件要符合国家有关规定,应选用高质量的产品,并应选择正规的、有经验的汽车装饰店进行安装。

**5. 观赏性原则**

选择的大包围组件要美观大方,赏心悦目,符合人们的审美需求。

## 六、汽车大包围加装案例

以雪佛兰科鲁兹加装大包围为例,讲述整个加装工艺过程,详见表6-3-1。

加装大包围及尾翼                                      表6-3-1

| 步 骤 | 施工照片 | 工 艺 要 求 |
|---|---|---|
| 一、大包围加装施工 | | |
| 喷漆 | 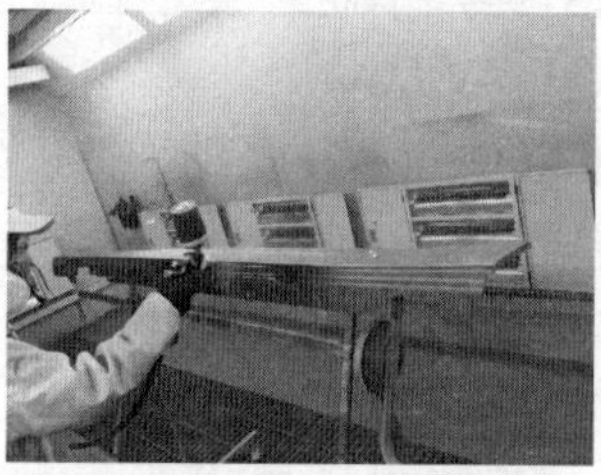 | 大包围新件一般只做过底漆处理,安装前应要根据车身颜色喷涂相应的颜色 |
| 安装准备 | 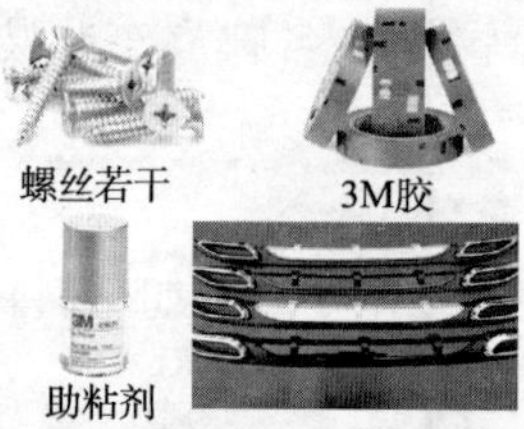 螺丝若干　3M胶　助粘剂 | 将包好的大包围拆封,并检查其质量。同时,准备好安装螺钉和工具。常用的安装工具有手电钻、锤子、螺丝刀、活动扳手、钳子等 |
| 清洁 |  | 将安装大包围的部位进行清洗和擦拭,清除泥土和油污,最好使用除油剂擦拭,使安装部位达到清洁、干燥 |
| 钻孔 | 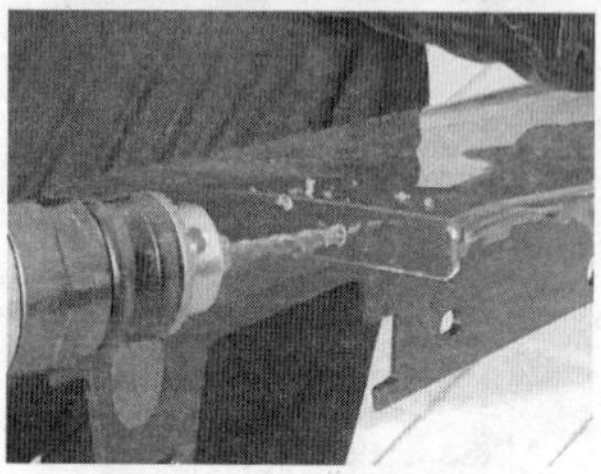 | 按大包围安装位置的要求,钻好安装孔,并去掉孔边周围的毛刺 |

续上表

| 步　骤 | 施工照片 | 工艺要求 |
|---|---|---|
| 固定 | | 将前包围、侧包围和后包围依次插入安装位置,对准安装孔,然后用螺钉固定拧紧 |
| 安装后的效果 | | 最后检查安装质量,发现错位、不合缝等缺陷应及时采取补救措施。<br>有些改装店安装一些品质参差的包围,密合度极为不佳,然后为了修补缝隙在车身上用螺钉固紧再打上原子灰、最后进行油漆,此类的做法极为不专业 |
| 二、尾翼加装施工 | | |
| 尾翼的选择 | | 在汽车配件市场,同系列、同品种不同生产厂家的尾翼可供汽车装饰店和车主选择。应尽量选择同车型的规格产品,因为尾翼在设计制造时,是经过一定的研究试验而确定的,需要选择相配套的尾翼,安装也比较方便 |
| 拆除隔音板 | | 拆除时应注意左右均匀撬动,以防止用力不当使隔音板破裂 |
| 定位 | | 尾翼的安装位置不是唯一固定的,需要事先找寻到最合适的位置,并确定钻孔位置,以保证尾翼安装的美观 |

| 步　骤 | 施工照片 | 工艺要求 |
|---|---|---|
| 钻孔 | | 钻孔后要去除毛刺,并做相应的防腐处理 |
| 安装 | | 放上尾翼,拉出高位制动灯导线,穿过行李舱盖,拧紧固定螺钉,拧紧时由行李舱内侧向外操作,螺母端必须放入防松弹簧垫片。为了减少漏水的概率,固定后还要在固定架周围注入防漏胶 |
| 安装高位刹车灯 | | 接上高位制动灯电源,踏下制动踏板,检查高位制动灯工作情况 |
| 安装附件 | | 安装隔音板,并密封开孔螺栓,以防止漏水腐烂 |

## 七、加装大包围和尾翼的注意事项

### 1. 注意行驶道路

汽车加装大包围后使最小离地间隙变小,只适合在平坦和良好的道路上行驶。为此,汽车是否加装大包围,要根据汽车经常行驶的道路情况而定,如果汽车经常要在不平的路面上行驶,不能加装大包围。

### 2. 注意产品质量

大包围的质量直接影响到汽车的外观,如果大包围材质脆弱,刚性过大,就很容易碎裂,那样不仅增加了更换成本,也增添了不少麻烦,为此应选用高质量的大包围。

**3. 注意改装安全**

由于大包围的材料抗撞击能力较差,所以选用需要拆掉原车保险杠才能安装的大包围将影响到汽车的安全性。如果一定要选用拆杠包围,可将原杠中的缓冲区移植到大包围中,以起到保护作用。

**4. 注意商家选择**

应选择信誉好、有经验的专业改装店加装大包围,因为这些改装店加装质量有保证,也有可靠的售后服务。目前已经有一些国产的大包围知名品牌,虽然价格贵一些,但品质却有所保证,有的品牌还为大包围提供了保险,免除了车主的后顾之忧。

# 课题4　汽车多媒体一体机改装

一些配置低的车型,若是还只有 CD 机和收音机,已经无法满足现在的快速发展的信息时代了。而针对这一方面的升级需求,汽车多媒体一体机发展迅速,有很多产品可供消费者选择,如屏幕的大小、清晰度、工作的稳定性、系统与功能的全面性等。

## 一、多媒体一体机的主要功能

汽车多媒体一体机就是将导航、行车记录、倒车影像、影音播放( CD、DVD、MP3 等)等功能集于一体的电子设备,它节省了车内空间,方便操作,同时也节约了改装成本。汽车多媒体一体机如图 6-4-1 所示。

图 6-4-1　汽车多媒体一体机

**1. 导航**

导航是指具有 GPS 全球卫星定位的系统功能,能让你在驾驶汽车时随时随地知晓自己的确切位置。汽车导航还具有自动语音导航、最佳路径搜索等功能,可以让你在陌生的路段一路捷径、畅行无阻。

**2. 行车记录**

行车记录即记录汽车行驶全过程的视频图像和声音,可为交通事故提供证据。喜欢自驾游的人,还可以用它来记录征服艰难险阻的过程。开车时边走边录像,同时把时间、速度、所在位置都记录在录像里,相当"黑匣子"。平时还可以做停车监控。

### 3. 倒车影像

倒车影像又称泊车辅助系统,或称倒车可视系统。该系统广泛应用于各类大、中、小车辆倒车或行车安全铺助领域。它通过车身上的摄像头采集图像信息,再在车内显示屏上播放出来。它可以让你在车里即可了解车辆周围的情况,可以让你在倒车过程中没有死角,提高了行驶安全性。

### 4. 蓝牙电话

车载蓝牙的功能就是自动辨识移动电话,不需要电缆或电话托架便可与手机联机,车主可以不接触手机,甚至是双手保持在转向盘上,都可以控制手机,用语音指令控制接听或拨打电话。使用者可以通过车上的音响进行通话。

### 5. 影音播放

具备播放多种格式的视频、音频文件,如 CD、DVD、MP3 等,画面通过显示器呈现,声音则由音响传递,让用户在驾驶之余享受专属的电台、音乐和大片。预留 SD/USB 接口,支持SD/USB/硬盘等大容量网络多媒体资源载入,更多娱乐垂手可得,体验多媒体一体机带来的愉悦生活。

汽车多媒体一体机除上述常见的基本功能外,有些厂家生产的一体机还具有胎压监测、驾驶辅助、车载网络、全景泊车等功能,消费者可根据自身的需求进行选择购买。

## 二、汽车多媒体一体机的组成

根据汽车多媒体一体机功能的不同,其组成有所差异,常见的一体机主要由主机、行车记录仪摄像头、倒车影像摄像头、GPS 天线、声音转换器和相关线束等组成,如图 6-4-2 所示。

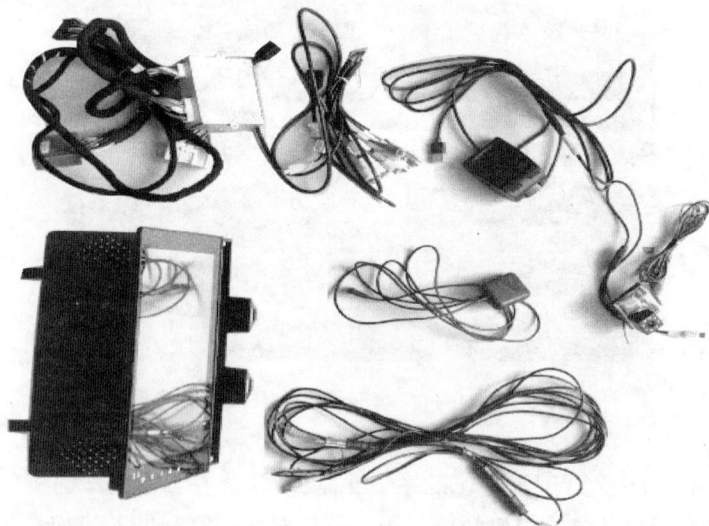

图 6-4-2　汽车多媒体一体机的组成

## 三、一体机选购的注意事项

### 1. 产品的稳定性

选择抗电磁干扰强、性能稳定的产品,因为碰到车辆颠簸、温度高、电磁干扰、车内环境比较差的状况时,会影响一体机的正常运作。

**2. 运营商的实力**

选择网络强大、可持续发展的运营商,以防止网络覆盖面积过小或因公司倒闭而不能得到可靠的后续服务。

**3. 产品的匹配性**

一体机产品一般是嵌入式安装,须与原车完美配合,因此购买时应根据车型、内饰颜色进行选购,才可做到无缝对接,无损安装。

**4. 产品的功能**

车主应根据自身的需求和原车的功能来选择一体机,同时还需考虑产品及服务的价格。

## 四、汽车多媒体一体机改装实例

以下为老款马自达 6 轿车升级一体机的作业过程,具体操作见表6-4-1。

老款马自达 6 轿车升级一体机的作业过程　　　　　　表6-4-1

| 步　骤 | 施工照片 | 工艺要求 |
|---|---|---|
| 拆除中央茶杯架 | | 用塑料撬棒从茶杯架四个角落撬出茶杯架,没有螺钉固定,都是卡子,驻车制动拉杆需要拉起才能取出茶杯架 |
| 拆卸挡位杆把手 | | 挡位杆把手逆时针转出,直至可以取下即可。挡位杆面板为一体,一块整体拆卸。用塑料撬棒从挡位杆面板四个角落撬出挡位杆面板,没有螺钉固定,都是卡扣 |
| 拆卸挡位杆面板 | | 挡位杆面板拆卸后看到的四个塑料白色卡子,上面还有背景灯泡和点烟器插座,拨出几个插头后就可以取下面板 |
| 拆卸空调开关 | | 空调面板与 CD 机面板固定一体,拆卸三个旋转开关后可以看到两个螺钉,需要拆除两个螺钉 |

| 步　骤 | 施工照片 | 工艺要求 |
|---|---|---|
| 拆卸副驾杂物箱 | | 拆除副驾杂物箱并拉出杂物箱 |
| 拆除原车 CD 机螺钉 | | 拆除杂物箱后,靠近 CD 机处有一个螺钉固定 CD 机与仪表台骨架的,需拆除后才能拆出 CD 机 |
| 拆卸空调面板 | | 螺钉全部拆除后用撬棒撬出面板,面板较大,需均匀的撬开 |
| 拔下 CD 机和空调面板上的插头 | | 面板拆出后,把后面的各个插头拔掉即可取下面板和 CD 机总成 |
| 拆卸显示器和储物盒 | | 显示器和储物盒下部有两个螺钉,拆除螺钉后即可拆卸显示器和储物盒。注意:显示器上面有一个插头需拔下 |
| 单独拆下原车显示器 | | 显示器与储物盒支架有四个卡扣,按下四个卡扣将显示器与储物盒分开。注意:一体机需要安装在储物盒位置,显示器仍需安装 |

| 步　　骤 | 施 工 照 片 | 工 艺 要 求 |
|---|---|---|
| 安装一体机 | | 　　安装前先将一体机连接好线路,确认其能否开机,功能是否正常。<br>　　确认好后,布置线束,安装插头,将一体机的卡扣卡进后安装两个螺钉固定。<br>　　在布置线路时,要确保线路无干扰 |
| 线路布置 | | 　　线路要从空调出风口处布置并通往 CD 机部位,一体机安好后先不能装 CD 机,需要将摄像头和 GPS 天线安装好再装 CD 机 |
| 安装行车记录仪摄像头 | | 　　行车记录仪要尽量安装在风窗玻璃中间,尽量做到不影响驾驶人的行车视线,一般都是用双面胶黏住,比较牢靠。安装时需要看着主机上的显示,对好角度再安装 |
| 摄像头线束布置 | | 　　行车记录仪线路从顶部顶篷里面走向右侧 A 柱;从顶篷过来的线束沿着 A 柱往下走,通过 A 柱角落后通往仪表台下部。<br>　　安装时,A 柱内饰板用撬棒撬开即可,线束需要用扎带或胶布固定,防止松动。<br>　　注意:如果 A 柱有安全气帘,线束需要从气帘内侧走线,以防气囊弹出时线束弹出 |
| 摄像头线束连接主机 | | 　　线束经过仪表台下方通往主机处,与主机的一个专用行车记录仪的 USB 线连接,此时行车记录仪便安装完成了 |
| 安装倒车影像线束 | | 　　将倒车影像线束从主机处通往行李舱,可以先把主机处的插头和线连接好。即一个视频插头和一根倒车灯线,接好需要用电工胶布绝缘 |

| 步　　骤 | 施工照片 | 工艺要求 |
|---|---|---|
| 拆卸仪表板左侧饰板 | | 　　拆除仪表板左侧饰板的固定螺钉后，用撬棒撬出仪表板左侧饰板。<br>　　拆卸仪表板左侧饰板的目的是为了让倒车影像的线束从仪表台中间通往左侧门槛边缘，再通往行李舱 |
| 拆卸左侧门框饰板 | | 　　拆卸左侧门边的相应内饰板，没有螺钉固定，用撬棒撬出即可。用于布置倒车影像摄像头线束通往行李舱 |
| 拆卸后排坐垫 | | 　　后排坐垫为卡扣固定，用力从两侧座位下方往上拉起即可，共两个卡扣。<br>　　用于布置倒车影像摄像头线束通往行李舱 |
| 拆卸左侧后排靠背 | | 　　左侧后排座椅靠背下方有一个螺钉需拆除。<br>　　用于布置倒车影像摄像头线束通往行李舱 |
| 将线束通往行李舱 | | 　　倒车影像摄像头线束沿着左侧的原车线束一起通往行李舱 |
| 行李舱线通往行李舱盖 | | 　　倒车影像摄像头线束经过连接口通往行李舱，此处要用胶水做防水处理，防止雨水渗漏到行李舱内 |

| 步　骤 | 施工照片 | 工艺要求 |
| --- | --- | --- |
| 安装倒车摄像头 | | 拆除左侧牌照灯,将摄像头安装到牌照灯位置,原牌照灯改为小 LED 灯泡 |
| 连接摄像头和电源插头 | | 黄色插头为视频插头,红色插头为摄像头的供电线,还有一根红色线是通往前面主机处的倒车信号线连接到倒车灯即可 |
| 连接倒车灯供电线 | | 找到倒车灯的电源线连接,要用电烙铁焊接牢固,再用电工胶布绝缘,还有一个牌照灯的线需要与原车牌照灯插头连接即可 |
| 将声音模式转换器连接 | | 连接声音转换器,它是用来处理原车 CD 机、一体机之间的声音切换。声音转换器固定在可靠的位置,不干扰即可 |
| 连接原车 CD 机 | | 连接原车 CD 机插头。连接倒车影像摄像头插头到倒车输入视频接口,完成后布置好线束 |
| 功能测试与车辆装饰件复原 | | 将线束全部连好后,需要进行各项功能测试和调节,如前后摄像头的位置调节,主机和 CD 机的音乐播放调试,导航功能测试等。<br>测试无误后,按拆卸相反的顺序安装后排座椅、门框饰板、仪表板饰板等车辆装饰件 |

## 五、一体机改装注意事项

### 1. 走线要规整

一体机的安装需要大量的布线,紊乱的走线不仅不利于日后的拆卸和维修,还可能造成异响。

### 2. 挑选合适的产品

在目前汽车电子产品中,车载一体机所占比例越来越大,很多新车车主都有安装车载一体机的需求。因此,生产、贴牌各种一体机产品的厂家大量涌现,而产品的质量差异也超乎想象,产品的功能、质量、售后等都是车主在挑选时需要考虑的因素,想要挑选一款适合自己的产品并没那么容易。

# 课题 5  车 灯 改 装

车灯改装是指车主在汽车前照灯和尾灯部位进行系列升级改装的行为。

车灯升级改装通常包括两种车灯升级类型,一种为了提高驾驶人的安全性与舒适性,缓解车主夜晚驾驶的紧张与疲劳,将原车出厂时装备的55W的卤素灯泡升级为氙气灯、LED灯、双光透镜前照灯总成。一种是为了提升汽车灯光美观度,可以将汽车前照灯选择升级为天使眼、恶魔眼、LED流光等种类。

## 一、前照灯的种类及特点

汽车前照灯的发展过程为卤素灯、再出现了氙气灯、到现在的LED灯。卤素灯的特点是亮度不佳、结构简单、造价便宜、功率高、发光强度弱;氙气灯的特点是亮度佳、结构相对复杂、价格昂贵、功率小、发光强度高;LED灯的特点是亮度高、结构相对简单、价格贵、功率小、发光强度低、发出的光温度较低、光衰减度小、使用寿命长。另外,双光透镜前照灯的诞生也是汽车灯光的巨大发展和升级。针对一些灯光较暗的车辆可以做出一定的选择性的升级,本节以改装双光透镜氙气灯为例介绍改装过程。

## 二、车用氙气灯

氙气灯,英文简称HID,如图6-5-1所示。HID就是High intensity Discharge高压气体放电灯的英文缩写,可称为重金属卤化物灯或氙气灯,是由飞利浦公司花费5年时间研制成功的,早先主要运用在工业及建筑照明上,一般分为120V,240V和380V三种,功率从几十瓦到几千瓦不等。

汽车用氙气灯是在工业氙气灯基础上改进的。汽车氙气灯电压为12V,常用功率有35W和55W两种,绝大部分车用35W,少数55W的大多都安装在远光灯上。现在,世界上生产汽车氙气灯的厂家有很多,在技术上一直以欧洲为代表,在欧洲普遍认可的牌子有:海拉(HELLA)、飞利浦(PHILIPS)、欧斯朗(OSRAM)、博士(BOSCH)、朗威(LAMPWICK)这五大厂家。

图6-5-1  氙气灯

**1. 汽车用氙气灯的工作原理**

打开车灯开关,接通电源后,通过变压安定器,在瞬间内将 12V 电源升至 2 万 V 以上的高压脉冲电压,激活氙气灯泡中的氙气在电弧中产生 4300 ~ 10000K 色温度的强劲光芒,颜色呈晶钻白中略带紫蓝,如图 6-5-2 所示。它彻底抛弃了传统的燃烧钨丝发光原理,是汽车照明系统领域的革命性变革。

图 6-5-2　氙气前照灯光

**2. 汽车用氙气灯的组成**

汽车用氙气灯产品由氙气灯泡、变压安定器和绝缘导线等组成,如图 6-5-3 所示。

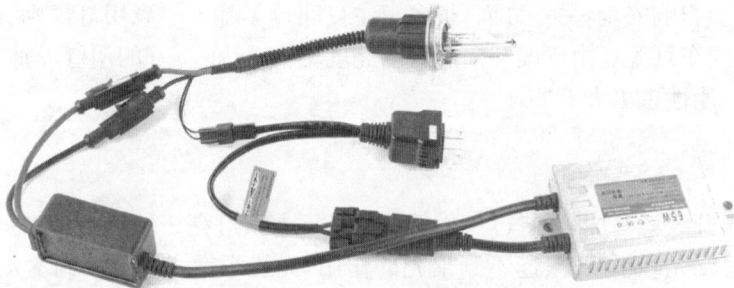

图 6-5-3　氙气大灯的组成

**3. 车用氙气灯改装的方式**

汽车氙气灯改装的方式一般有两种。一种是比较奢侈的总成改装,即前照灯总成和灯泡全换,这种方式效果好,但是有两个局限性:第一,价格太高,比如宝来的海拉氙气灯总成要价 10000 多人民币;第二,总成受原厂商的配件的限制,如果该车型根本就没有氙气灯总成,那就没办法改装了。另一种则是仅换灯泡和安定器,选择这项改装的人比较普遍。

**4. 氙气灯的色温选择**

相对于普通卤素灯来说,氙气灯的色温更高,可选范围也更广,从 3000 ~ 12000K 都能买到。色温越低光线颜色越黄,色温升高颜色发白,随着色温不断升高,光线的颜色会由白变蓝甚至变紫。黄色的光线在雨、雪、雾天气条件下穿透能力最强,色温越高穿透力越弱,白色和蓝色的光线在雾天能见度极差。从氙气灯的发光原理来看,氙气灯的亮度会随着色温升高而下降,当色温升高到 10000K 以上,虽然可以获得蓝得发紫的效果,但实际亮度和原车的卤素灯相差不多,有的效果甚至不如普通卤素灯。所以并非色温越高越好,氙气灯比较理想的色温为 4200K 左右,这种白中带黄的灯光,既能够兼顾恶劣的天气状况,又保证了氙气灯

3000 流明以上的亮度。

**5. 氙气灯改装的原则**

1）注意改装前照灯的品牌及质量

目前汽车前照灯的改装件种类繁多，价格差异巨大，鱼目混珠，特别是汽车前照灯又直接涉及夜晚行车的人身安全，所以必须特别小心选择。HID 氙气前照灯是个工艺和技术十分复杂的零配件，不同品牌的价格差别很明显，不好的 HID 往往寿命很短，变压安定器和灯泡都很容易烧坏，而且色温亮度和散射角度也往往不符合要求，所以最好选择有一定知名度的大厂产品，不可贪小失大。

2）改装前照灯必须符合法规

国外，对于汽车前照灯的法规和限制很多，特别是氙气前照灯，对于其色温、亮度和角度都有明确规定。虽然目前国内这方面的法规还不键全，然而也必须选择符合海外安全法规的改装 HID，因为这些法规都是根据安全行车的底线要求来制定的，不可拿自己的生命开玩笑。此外，目前国内一些城市也有限制汽车前照灯的地方法规，在改车前最好先设法了解一下。

3）改灯应为别人着想

一些改过 HID 的车主往往会引起路人的反感，一方面，一些人由于为了更酷一些，选择了色温过高的灯色偏蓝的 HID，然后这种蓝色灯光会特别刺激对方路人和驾驶人的眼睛，不但让人不快，还会影响安全；另一方面，很多车主夜间行车都不注意用灯规则，比如错车时开远光灯，随意乱闪车灯等。由于改装前照灯的亮度更大，这种不好的用灯习惯会造成危害和让他人反感的可能性也更大一些。

## 三、透镜

传统的灯光升级就是加装氙气灯，虽然氙气灯比卤素灯亮 3 倍以上，但是所换灯泡的发光中心点和车灯反光碗不匹配，起不到聚光的作用，光线很散，效果差，雨雾天气更看不清，且散失的光线刺眼，严重影响对面来车驾驶人，造成安全隐患。

在国外，氙气灯是标配透镜使用，因为透镜的光形是最标准的，它能改变光线的轨迹，形成明显的明暗分割线，起到聚光作用，使灯光变得更明亮清晰，射程更远。

**1. 车用前照灯透镜**

透镜，是用透明物质制成的表面为球面一部分的光学元件，一般可以分为凸透镜和凹透镜两大类。凸透镜具有会聚光线的作用，又称"会聚透镜""正透镜"。凹透镜具有发散光线的作用，又称"发散透镜""负透镜"。从上述内容中，我们得知汽车前照灯的光线要聚集才能得到更好的效果，因此，车用前照灯透镜都属于凸透镜，如图6-5-4所示。

图 6-5-4　车用前照灯透镜

**2. 车用前照灯透镜的分类**

汽车透镜分为单光透镜和双光透镜两大类。单光透镜即指只适合一种光型的透镜，要么只适合近光,要么只适合远光;双光透镜则可同时匹配汽车前照灯的两种光型,即一个透镜同时适用于近、远光,这种透镜是利用电动机来控制遮光片的切换,从而实现远、近光变换的。

### 四、双光透镜氙气灯改装实例

双光透镜氙气灯,是当下最流行的、效果最好的一种车灯升级项目,是目前大部分车系原车顶配才配置的产品。这种照明系统比传统的反射碗照明灯具有更好的效果,如照射距离远、照射宽度宽、中心点大、灯光亮度高等优势,灯光通过透镜的反射后更有穿透力,而且明暗线整齐分明,对对向行驶的车辆不会有强烈的炫目感。

双光透镜氙气灯改装时,需要用到双光透镜、氙气灯泡、安定器、线束、透镜支架、固定螺钉、蛇胶等材料和工具,其具体的改装过程详见表6-5-1。

双光透镜氙气灯改装过程 表6-5-1

| 步　骤 | 施工照片 | 工艺要求 |
|---|---|---|
| 取下橡胶条 | | 因车而异,有橡胶条的前照灯先取下橡胶条 |
| 拆卸灯泡 | | 前照灯上面的一些转向灯泡或示廓灯灯泡都要先拆除掉,以免"开灯"损坏 |
| 拆卸插件 | | 拆卸前照灯内盖与外盖之间的相关插件,防止在"开灯"时损坏线束 |
| 拆卸前后盖固定螺钉 | | 前照灯前后盖之间除了胶水密封,还会用螺钉或卡簧紧固,在"开灯"前需要先拆除 |

| 步　　骤 | 施工照片 | 工艺要求 |
| --- | --- | --- |
| 前照灯卡扣位置加热 | | 先用热风枪对前照灯卡扣位置进行加热,使塑料遇热变软,以便下一步将卡扣撬起方便"开灯" |
| 用金属片撬起卡扣 | | 将前照灯卡扣撬起,用类似的小金属片即可。<br>车灯上的全部卡扣都用这个方法撬起,这样才能使前照灯打开时不会扣住 |
| 将前照灯加热 | | 如果有烤箱,将前照灯总成放入烤箱内,设置120~140℃,加热10min左右。如果没有烤箱,就用热风枪均匀循环加热胶水的一周,温度达到80℃以上就能可以了 |
| 开灯钳开灯 | | 用开灯张力钳将加热后的前照灯后壳和前盖分开。<br>注意:分开时不能用力过大,否则容易导致灯壳变形,需要两边均匀张开,直至前照灯后盖与前壳完全分开 |
| 前照灯已经打开 | | 此时前照灯的后盖与前壳已经完全分开,可以看到前照灯内部的布置结构 |

续上表

| 步　　骤 | 施工照片 | 工艺要求 |
|---|---|---|
| 原车透镜的结构和布置 | | 　　原车透镜为单光三寸透镜,我们需要改装的就是将这个原车透镜与支架一起拆除,更换成三寸双光透镜加氙气灯,可以实现两近光四远光的前照灯,提升亮度和照射距离。在拆除原车透镜前线大概的测量一下透镜头部与后灯壳的距离,以便新透镜的安装 |
| 拆卸原车透镜与支架 | | 　　用尖嘴钳或一字螺丝刀将原车透镜支架的扣子分开,拆卸原车透镜与支架 |
| 透镜匹配支架 | | 　　改灯前要先做好准备,购买相应车型的前照灯支架,这样省事又省时,这种支架现在都有卖的,价格也不会很贵,一般几十元钱搞定。如果利用原车支架比较麻烦,而且灯光角度容易倾斜 |
| 透镜的选择 | | 　　透镜的选择,这次选用的是海拉三双光透镜。<br>　　透镜的品牌很多,不同的品牌有不同的光型和亮度,也会是不同的价格。目前市面上,海拉的透镜价格相对较高,还有比较流行的就是Q5透镜,改灯用的最多的,效果相对是最好的,选择透镜之前要先去了解透镜的光型再决定 |
| 固定透镜与支架 | | 　　将透镜固定到支架上,用内外螺母调整透镜与支架的距离,如果太远了会影响到前壳的安装,太近了会影响灯泡的安装与灯光的调整,同时也影响前照灯的美观性 |

| 步　骤 | 施工照片 | 工艺要求 |
|---|---|---|
| 测量透镜与支架的距离 | | 透镜与支架之间的距离必须一致，否则会影响灯光的高低和左右的调整 |
| 去除过长的螺钉 | | 固定螺钉在透镜固定好后需要去除多余的，以免影响到透镜的安装和灯光的调整 |
| 透镜与支架固定到前照灯上 | | 将安装好透镜的支架与三颗塑料卡一起固定到前照灯上，确保卡到位，以免行驶中掉出 |
| 检查透镜安装后是否有干涉 | | 透镜安装到前照灯上后，查看其是否会干涉到前照灯的调整，灯泡与后壳是否会碰到等情况 |
| 灯泡的固定 | | 该透镜固定灯泡需要用灯泡卡进行固定，灯泡卡要先在灯泡上安装到位，再一起安装到透镜上 |

续上表

| 步　骤 | 施 工 照 片 | 工 艺 要 求 |
|---|---|---|
| 安定器的选择 | | 灯泡与安定器要相互匹配,如 D1S 灯泡配 D1S 的安定器,D3S 灯泡配 D3S 安定器,两者之间工作电压不同,不得胡乱使用。<br>安定器的接线是连接近光灯正负极的线路,连接注意极性,接反会损坏安定器。<br>透镜上的变光线圈连接到远光灯,与远光灯泡并联。注意:变光线圈不分正负极 |
| 前照灯改装安定器与灯泡的选择 | | 选择什么型号的安定器与灯泡,要取决于前照灯内部空间的大小,D1S 或 D3S 灯泡是带高压部分的,灯泡体积较大,需要有足够的空间才能安装 |
| 固定安定器 | | 在车灯合适的空位置固定安定器,安定器需要散热,一般不建议固定在车灯内部 |
| 装回车灯 | | 车灯透镜、安定器和灯泡安装好后,需要将前照灯安装到车上去进行调试,确保达到高低左右照射位置无误后,再利用加热的方法将车灯前后盖密封起来,装回拆掉的螺钉后,便可装车使用 |

### 五、氙气灯改装注意事项

（1）HID 组件的安装应由专业汽车电工来完成。

（2）安装 HID 组件时，注意不要用手触摸 HID 灯泡的石英玻璃管，手上的污渍会使高温工作的 HID 灯泡留下痕迹，并影响灯体寿命。

（3）安装安定器及灯泡的高压线时，应注意清洁，不清洁的高压线接头会漏电，使氙气灯产生起动困难的故障，并且高压线部分不能缠绕，以免产生过大的磁场，而影响汽车其他电气设备的使用，同时必须用尼龙扎带将其固定，避免和周围金属摩擦。

（4）选用 HID 灯具时，建议色温不超过 6000K。6000K 色温以上光线偏蓝炫目，影响对方车辆视线，而且透雾性能差。

（5）HID 适合用于近光灯，不宜装在远光灯上，因为 HID 的照度是普通卤素灯的 3 倍，装在远光灯上，其强度会影响对方车辆视线，从而造成行车不安全。

（6）安装时，要确保各插接器及导线连接正确，错误的连接会导致车辆照明系统烧坏。

（7）改装 HID 时，要注意安定器放置的位置，更换灯泡应在干燥的室内完成。

（8）应注意前照灯熔断丝的更换。两灯共用一丝，则应使用 25～30A 的熔断丝；如分开使用，则必须使用 15A 的熔断丝。

### 六、改装氙气灯后容易出现的六种问题

由于氙气灯属于高精、易碎产品，在安装时对技师的要求也非常高，安装不当就容易造成以下问题：

（1）由于氙气灯管在出厂时都做了严格的焦距调教（当然不包括一些低价、劣质的小作坊产品），所以灯管在安装时如果安装不到位就有可能出现焦距不准、光线发散等问题。

（2）安装时如果密封不好，容易造成灯罩进水、进灰。

（3）安装不当容易造成干扰收音机信号。

（4）某些车型由于原车带有自检设备，改装时如果不由专业技师安装，会出现故障灯报警、频繁烧毁熔断丝、行进中突然熄灭等现象。

（5）某些车型由于前照灯线路的特殊性，安装不当会造成无法变光或变光熄灭的现象。

（6）某些车型在打开远光灯时近光灯会熄灭，对于这些车型可以将其近光灯改为常亮，这样就大大增加了远光灯的亮度，但必须到专业店由专业技师改装。

## 课题 6  汽车音响改装

汽车音响改装，顾名思义就是对汽车进行音响改装升级，其目的就是满足车主对汽车音乐的需求，使车内音响空间以最佳的声场表达方式表达音乐，满足音乐爱好者的"发烧"追求。

### 一、汽车音响改装的种类

汽车音响改装分为比赛、展示和实用 3 种类型。展示型音响改装是为了宣传厂商的音响产品，其特点是使用改装器材品种多，造型夸张；比赛型音响改装目的是为了参赛获奖，特

点是大规模地修改汽车内饰,并且加装超量的喇叭;实用型音响改装是以日常使用的音响系统为主,经过简单的车内改造达到提升音质的目的,改装时基本使用原车位置,很少改动原车的内饰风格,特点是少占用车内空间,不会减少原车的重要功能。

## 二、汽车音响系统的组成

音响系统是指用传声器把原发声场声音的声波信号转换为电信号,并按一定的要求将电信号通过一些电子设备的处理,最终用扬声器将电信号再转换为声波信号重放,这一从传声器到扬声器的整个构成就是音响系统。汽车音响亦不例外,主要由主机、扬声器、功率放大器、传输机构等组成。

### 1. 主机

主机是汽车音响中最重要的组成部分,就好像人的大脑,要发出什么样的声音,得由大脑来控制。汽车上装配的常见的主机有:只有广播接收功能的 RADIO 主机、CD 主机、MP3 加 CD 碟盒、车载多媒体一体机等。目前,车载多媒体一体机已成为当今主流。

### 2. 扬声器

扬声器俗称喇叭,是音响系统中不可缺少的重要器材,所有的音乐都是通过"喇叭"发出声音,就像人的咽喉一样,是唯一将电能转变为"声音"的一种器材,如图 6-6-1。

图 6-6-1　扬声器

扬声器的品性对音响系统的音质起到至关重要的作用,它包括低音单元、中音单元、高音单元,这三种单元负责不同的频率。

### 3. 功率放大机构

主机的声音信号强度大多都只有几伏特,还不足以驱动单体,因此必须让信号吃些"大力丸",让信号的强度更强,使其以瓦特(W)来计算,这样将信号强化成功率输出的机构,就称为功率放大器,也就是俗称的功放。一般而言,音响系统的总输出功率值,也就是系统中所有功放的输出功率之和,都被拿来作为音响系统在大小级数上的分级。

### 4. 传输机构

一个完整的音响系统,线材是不可或缺的组合部件,但线材却往往容易被忽视。其实线材的好与坏,会直接影响声音的品质,因为线材从材质、绞合结构,到直径、绝缘与阻抗值等设计与规格上的不同,都会影响信号或电量的传送。而在线材的使用方面,会因不同的器材需要有不同设计取向的线材,如电源、搭铁、起动、信号、喇叭、光纤与特殊系统所需的线材,都因各自要求不同而在设计上有所区别。例如对要求声音品质的喇叭线而言,其材质的纯度必定是越高越好,否则太多杂质会影响声音的完全发挥。此外,线材与器材间的端子也非常重要,接点牢固与否、接触面积的大小、接头设计与材质以及搭铁是否良好,也会对声音效果产生重大影响。

## 三、汽车音响系统选配的注意事项

**1. 确保产品质量**

市场上有许多仿冒名牌器材,在购买时一定要分清,否则后患无穷。有些价格低廉的器材,从外形上是看不出质量问题的,但是内在的元器件都是劣质产品,电路在设计上也不符合标准,这种器材不仅音质不好,而且容易发生故障,甚至产生自燃。

**2. 预留升级空间**

音响系统改装是循序渐进的过程。在改装时,预留升级空间,日后便可根据需求逐步升级。挑选质量好、效果好的喇叭,是音响首次升级的重中之重,同时也是预留升级空间的首要考虑的因素。改装音响大致的顺序是先换喇叭,然后升级功效,再增加低音喇叭,最后更换主机。

**3. 合理搭配器材**

选择音响系统时,不仅要针对车主听音乐的喜好,选择适合的品牌与风格,还要考虑主机、功放、喇叭、线材等各部件之间良好的平衡。

**4. 方便操作**

选择操作方便的音响系统,可保证驾驶人在操作时视线始终集中在前进方向上,减少事故的发生率。例如有些汽车音响主机可以搭配一种称为安全杆控的控制杆,设计的原理是将音响控制主要功能集中在一个控制杆上,通过用手触摸就能进行各项操作,像是在控制刮水器、车灯等,完全不必分神用眼睛看。另外,还应考虑操作系统是否易学、易记。

**5. 考虑售后服务**

汽车音响的使用环境恶劣,如温度、湿度、振动、尘土等都容易使音响产生各种故障,保修和维修是很重要的问题。因此,选择知名的品牌,不仅能带来好的音质效果,而且还有周全的售后服务。

## 四、汽车音响升级改装实例

汽车音响系统改装,可以提升汽车行驶中的娱乐系统当次,使驾驶人、乘客享受更好的音质效果,可以释放乘车心情,消除驾驶疲劳感。

以下为马自达 6 音响改装实例,用到的器材有五路功率放大器、喇叭、电源线、喇叭座圈、低音炮、熔断丝、音频线等,具体过程见表6-6-1。

**马自达 6 音响改装实例**　　　　　　　　　表 6-6-1

| 步　骤 | 施工照片 | 工艺要求 |
|---|---|---|
| 拆卸高音喇叭盖 | | 用撬棒直接撬出高音喇叭盖 |

续上表

| 步　　骤 | 施 工 照 片 | 工 艺 要 求 |
|---|---|---|
| 拆卸左前门内饰板 | | 取下装饰垫,拆下门把手处一颗螺钉 |
| | | 拆下拉手内黑色内饰盖,并拆除里面的螺钉 |
| | | 拆卸螺钉后即可取下门拉手盖板 |
| | | 用撬棒撬出门内饰板四周的卡扣,取下门内饰板 |
| | | 拔下与车门相连的插头,内饰板即可取下。用类似的方法拆除其余三个门的内饰板 |
| 拆卸原车喇叭 | | 一个喇叭上有四颗螺钉,拆卸螺钉拔下插头,取下原车喇叭 |

| 步　　骤 | 施 工 照 片 | 工 艺 要 求 |
|---|---|---|
| 安装配套的喇叭座圈 | | 购买配套的喇叭座圈安装到原车喇叭位置。<br>由于改装喇叭厚度比较薄,需要用喇叭座圈来提高厚度 |
| 安装改装喇叭 | | 选择合适尺寸和功能的喇叭安装在喇叭座圈上 |
| 连接改装喇叭线路 | | 由于车身与车门之间插座比较难穿线,可选用原车喇叭线进行改装,将其线路进行连接,注意极性 |
| 将电源线通往车内 | | 功放器的功率大,需要一根比较粗的电源线加熔断丝,通往车内连接到功放器 |
| 布线 | | 功放器安装位置选择在行李舱,将电源线、音频线、喇叭线通往行李舱,需要合理布置线路,确保不会影响安全。<br>最好将音频信号线和电源线分开布在驾驶座和副驾驶座两侧 |

续上表

| 步 骤 | 施 工 照 片 | 工 艺 要 求 |
|---|---|---|
| 连接转换器 | | 高转低转换器的作用是将主机过来的音频转换成低输入音频,功放器只能接收低频音频,如果 CD 机过来的音频不经过高转低会导致功放器烧毁 |
| 将高转低后的音频输入到功放 | | 将高转低出来的音频通过音频线输入到功放的输入接口 |
| 将各线路连接到功放 | | CH1 至 CH4 为四个车门的喇叭线,CH5 为低音炮线路,+12V 为电源输入,GND 为搭铁线,REM 为开关控制线通往点火开关 ACC 电源 |
| 低音炮线路连接 | | 低音炮主要负责发出重低音,在音响系统中低音比较难发挥,用低音炮能很好的发挥出低音的效果 |

续上表

| 步　骤 | 施工照片 | 工艺要求 |
|---|---|---|
| 整理线束并调试、复原 | | 所有部件安装好后,需要完美的布置线路,线路不能过长,各个部件安装要牢固,防止车辆在行驶转弯过程中会惯性移动。<br>打开主机,测试功放和喇叭是否能正常工作,并进行适当的调试。结束后将原车饰板复位 |

### 五、音响改装注意事项

(1)在拆装过程中,不能损坏原车线路和造成短路,安装器材时线路不能接错,接错会产生不良后果。

(2)安装的器材要有保护措施,万一发生过电流要起到保护,否则容易发生火灾。

(3)音响线路不能干扰车中的电脑和电子装置,否则会出现故障。

(4)在拆装过程中,要有专用工具,要保持元件的完好,否则会影响美观或导致密封不好而产生噪声。

(5)音频信号线接头处要用绝缘胶带缠紧,以保证绝缘。否则,当接头处和车体相接触时,可产生噪声。

(6)保持音频信号线尽可能短。音频信号线越长,越容易受到噪声信号的干扰。如果不能缩短音频信号线的长度,超长的部分要折叠起来,而不是卷起。

(7)音频信号线的布线要离开行车电脑单元和功放的电源线至少20cm。如果布线太近,音频信号线会拾取到感应噪声。最好将音频信号线和电源线分开布在驾驶座和副驾驶座两侧。

(8)所选用电源线的电流容量值应等于或大于和功放相接的熔断丝管的值。如果采用低于标准的线材作电源线,会产生交流噪声并且严重破坏音质。

(9)当用一根电源线分开给多个功放供电时,从分开点到各个功放布线的长度和结构应该相同。当电源线桥接时,各个功放之间将出现电位差,这个电位差将导致交流噪声,从而严重破坏音质。当主机直接从电源供电时,会减少噪声,提高音质。

(10)电源(蓄电池)的接头需清洁,并拧紧。如果电源接头很脏或没有拧紧,接头处就会有接触电阻,会导致交流噪声,从而严重破坏音质。

(11)当系统消耗电流很大时,蓄电池搭铁端一定要牢固。可在电源和搭铁间用粗直径的线材布线,如绞股线。

## 课题7　汽车底盘悬架改装

一般来说,汽车出厂时的原装底盘就能够满足普通汽车用户的需求,但是如果车主喜欢高速行驶,热衷于赛车与越野,则改装底盘悬架是提升性能的必要途径。

悬架是车架(或承载式车身)与车桥(或车轮)之间弹性连接装置的统称,如图6-7-1所示。其功用是传递作用在车轮和车架之间的力和力矩,并且缓冲由不平路面传给车架或车身的冲击力,衰减由此引起的振动,以保证汽车能平顺地行驶。汽车悬架改装主要是对弹簧和减振器进行改装,其目的是提高汽车行驶的平顺性、操纵稳定性和舒适性。

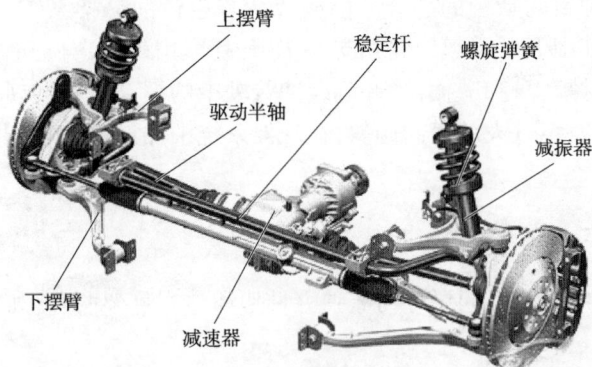

图6-7-1 悬架的结构

## 一、悬架的结构

典型的悬架结构由弹性元件、减振器及导向机构等组成,个别结构则还有缓冲块、横向稳定杆等。

### 1. 弹性元件

弹性元件用来承受并传递垂直载荷,缓和由于路面不平引起的对车身的冲击。弹性元件的种类包括螺旋弹簧、扭杆弹簧、油气弹簧、空气弹簧和橡胶弹簧等。现代轿车悬架多采用螺旋弹簧和扭杆弹簧,高档豪华车则使用空气弹簧,如图6-7-2所示。

图6-7-2 使用空气弹簧的悬架

### 2. 减振器

减振器用来衰减由于弹性系统引起的振动,在经过不平路面时,虽然吸振弹簧可以过滤路面的振动,但弹簧自身还会有往复运动,而减振器就是用来抑制这种弹簧跳跃的。减振器太软,车身就会上下跳跃,减振器太硬就会带来太大的阻力,妨碍弹簧正常工作。在关于悬架系统的改装过程中,硬的减振器要与硬的弹簧相搭配,而弹簧的硬度又与车重息息相关,因此较重的车一般采用较硬的减振器。减振器的种类有筒式减振器、阻力可调式减振器、充气式减振器。

### 3. 导向机构

导向机构用来传递车轮与车身间的力和力矩,同时保持车轮按一定运动轨迹相对车身运动,它与减振器和弹簧的默契的配合才能构成一套出色的悬架系统。通常导向机构由控制摆臂式杆件组成,其中上摆臂起导向和支撑作用,其影响车轮定位和行车稳定性。下摆臂的主要作用是用来支撑车身和减振器,并且缓冲行驶中的振动。有些轿车和客车上,为防止车身在转向等情况下发生过大的横向倾斜,在悬架系统中加设横向稳定杆,目的是提高横向稳定性。

## 二、悬架的种类

悬架根据汽车导向机构不同可分为非独立悬架和独立悬架两种,如图 6-7-3 和图 6-7-4 所示。

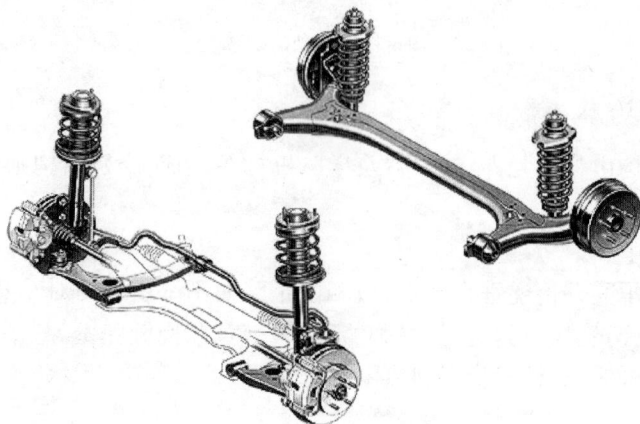

图 6-7-3　非独立悬架

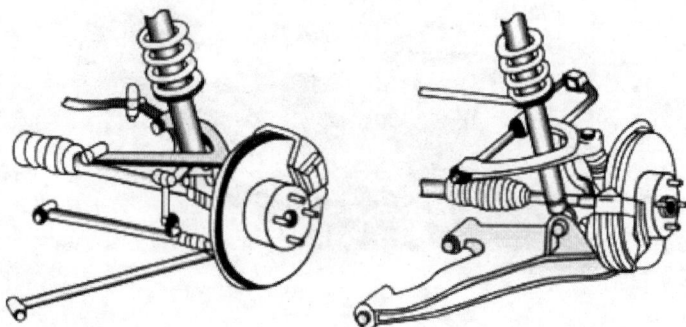

图 6-7-4　独立悬架

### 1. 非独立悬架

非独立悬架的结构特点是两侧车轮安装于一整体式的车桥上,当一侧车轮受到冲击力时会直接影响到另一侧车轮,当车轮上下跳动时定位参数变化小。非独立悬架具有结构简单、成本低、强度高、维护容易,行车中前轮变化小的优点。但由于其舒适性及操纵稳定性都较差,在现代轿车中基本上已不再使用,多用在货车和大客车上。

### 2. 独立悬架

独立悬架是左右车轮都是单独地通过弹性悬架悬挂在车架或车身下面,每侧车轮可独立上下运动。

与非独立悬架相比较,其具有以下优点:

(1)质量轻,减少了车身受到的冲击,并提高了车轮的地面附着力。

(2)可用刚度小的软弹簧,改善汽车的舒适性。

(3)可以使发动机位置降低,汽车重心也得到降低,从而提高汽车的行驶稳定性。

(4)左右车轮单独跳动,互不相干,能减小车身的倾斜和振动。

不过,独立悬架存在着结构复杂、成本高、维修不便的缺点。现代轿车大都是采用独立式悬架,按其结构形式的不同,独立悬架又可分为横臂式、纵臂式、多连杆式、烛式以及麦弗逊式悬架等。

## 三、汽车底盘悬架改装案例

汽车车身升高主要应用在越野车上,通过提升底盘高度,给车辆提供优越的越野性与乘坐舒适性,使车辆达到一定的通过率,从而提高越野的乐趣。

以下主要介绍吉普牧马人底盘悬架改装的操作工艺,详见表6-7-1。

吉普牧马人底盘悬架升高      表6-7-1

| 步 骤 | 施 工 照 片 | 工 艺 要 求 |
| --- | --- | --- |
| 配件准备 | | 合适的组件提供优越的越野乘坐舒适性,可调悬架高度,压缩阻尼控制阀,辅助弹簧连接可以按照个人喜好调节 |
| 拆除后减振器和后稳定杆 | | 与前悬架一样,牧马人的后悬架也是五根连杆,同样需将10个螺栓拧松。<br>驻车制动器的拉线在底盘悬架升高后还是足够长的,不过要将原厂固定线束的支架去除 |
| 更换连杆 | | 后悬架的下连杆同样需要被更换成套件中更长的一组。靠近乘员侧的一根连杆安装起来比较方便,可以直接利用原车固定螺栓,但靠近驾驶人一侧的连杆安装需要再装上一个支架用于固定 |

| 步 骤 | 施 工 照 片 | 工 艺 要 求 |
|---|---|---|
| 安装弹簧 | | 注意安装的顺序,弹簧与支座安装后才可以安装减振器 |
| 安装减振器 | | 安装后减振器,先将减振器压缩到最短位置,然后先固定下端再让减振器恢复长度以固定上端 |
| 安装效果 | | 吉普牧马人在升级了底盘举升套件之后不仅通过性能大幅提升,整车看上去的视觉效果也很好 |
| 安装效果 | | 提升4in后的效果 |

## 四、汽车底盘悬架改装注意事项

### 1.注意车辆用途

如果是喜欢高速驾驶和汽车越野运动的,要选择阻尼大的、感觉硬的、操控性好的悬架改装套件组。因此,改装悬架之前,先要确认需求,在舒适性与操控性之间求得一个平衡点。

### 2.注意悬架改装套件组的选用

改装时要先选定品质好的品牌,然后再从这品牌的系列产品中选出适合的型号。一套好的悬架改装套件组有高品质、高精度的弹簧、减振器、衬垫、平衡杆等组件。

**3. 注重安装质量**

汽车底盘悬架直接影响汽车的操控性,在安装过程中容不得半点马虎,各部件必须精准装配,螺栓、螺母的拧紧力矩要达到规定的数值,不得盲目安装。

**4. 汽车改装悬架后需进行测试**

改装结束后,应由有经验的技师对车辆的操控稳定性进行测试,如测试效果不佳,应及时进行调整或换用其他硬度的防倾杆等组件,确保车辆行驶安全。

# 课题8 汽车动力系统改装与升级——增压系统改装

发动机是靠燃料在汽缸内燃烧从而对外输出功率,在发动机排量一定的情况下,若想提高发动机的输出功率,除了多提供燃料燃烧外,就是提供更多的空气。改装发动机增压系统可提高发动机进气压力,增大进气量,改善空燃比,使发动机燃烧更完全,提高热效率,增加发动机功率。

## 一、增压系统种类

汽车发动机的增压系统有机械增压、废气涡轮增压和复合增压3大类。

### 1. 机械增压系统

机械增压系统通过传动带(或传动链)与发动机曲轴相连接,从发动机输出轴获得动力来驱动增压器的转子旋转,从而将空气增压吹到进气管道里,如图6-8-1所示。该系统的优点是转子的速度与发动机转速是相对应的,没有滞后现象,动力输出更为流畅。但由于它要消耗部分发动机动力,会导致增压效率和经济性不高。

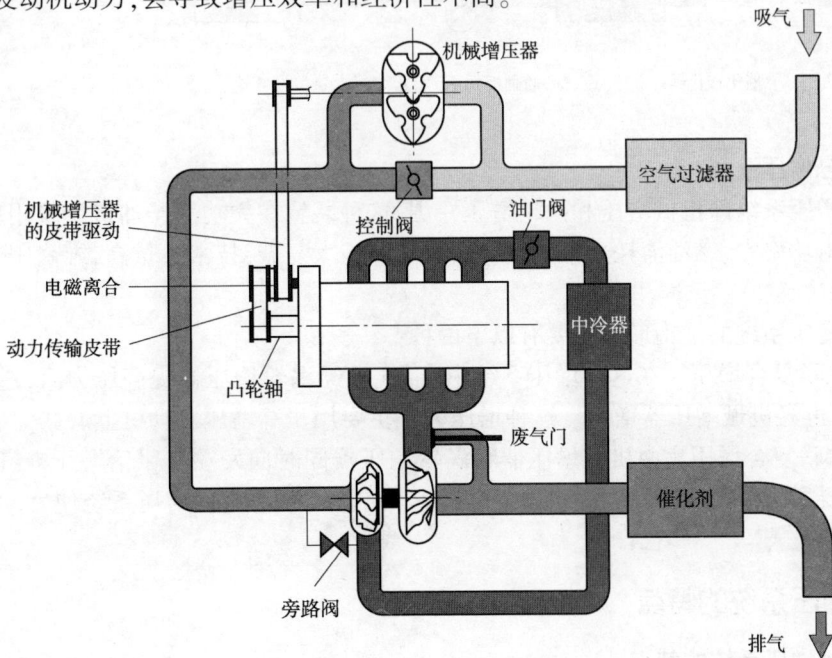

图6-8-1 机械增压系统

机械增压器有鲁式、双螺旋式和离心式三种类型。它们的主要区别在于将空气吸入发动机进气歧管的方式不同。鲁式和双螺旋式机械增压器使用不同类型的啮合凸缘,而离心式机械增压器使用叶轮吸入空气。尽管这三种设计都能产生增压效果,但在效率上却有很大差别。各个类型的机械增压器都有不同的尺寸,具体选择哪一种取决于车主是只想提升汽车的动力,还是想去参加赛车运动。

所有这些机械增压器均可以作为售后汽车的动力增强装置安装到汽车上。有许多公司提供成套的产品,用于客户自己动手安装机械增压器。

**2. 涡轮增压系统**

涡轮增压系统是利用发动机排出的废气惯性冲力来推动涡轮室内的涡轮,涡轮又带动同轴的压气机叶轮,叶轮压送由空气滤清管道送来的空气,使之增压进入进气歧管,最后进入汽缸,如图6-8-2所示。发动机转速增快,废气排出速度与涡轮转速也同步增快,叶轮就压缩更多的空气进入汽缸,空气的压力和密度增大可以燃烧更多的燃料,相应增加燃料量就可以增加发动机的输出功率。一般而言,加装废气涡轮增压器后的发动机功率及转矩要增大20%～30%。

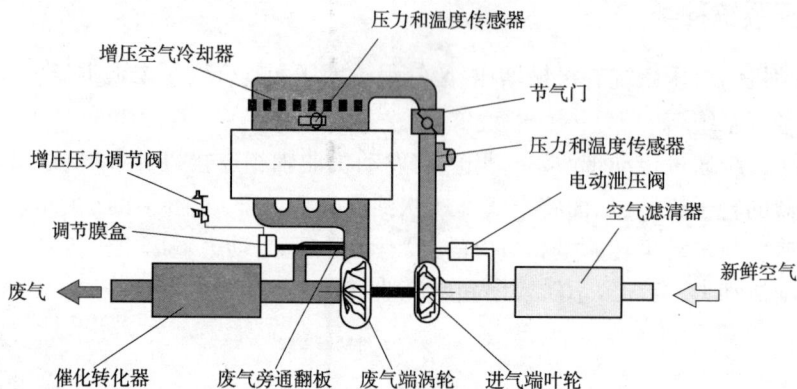

图6-8-2　涡轮增压系统

**3. 复合增压系统**

复合增压系统即机械增压和涡轮增压并用,这种装置在大功率柴油机上采用比较多,其发动机输出功率大、燃油消耗率低、噪声小,只是结构太复杂,技术含量高,维修困难,因此很难普及。

复合增压系统的结构形式主要有以下两种:

(1)串联复合增压。在这种增压系统中,空气先经涡轮增压器提高压力后,进入中间冷却器降温,再经机械增压器增压。这种增压方式主要用于高增压发动机上。

(2)并联复合增压。由机械增压器和涡轮增压器同时向发动机供给增压空气。在低转速范围主要靠机械增压,而在高转速范围主要靠涡轮增压。这种增压系统使发动机低速转矩特性得到改善。

## 二、增压系统的特点

**1. 机械增压系统的特点**

与涡轮增压系统相比,机械增压系统具有以下特点。

1）机械增压器没有增压延时

因为机械增压器直接通过曲轴获得动力。某些机械增压器在低转速时效率比较高，而另一些在高转速时效率比较高。例如，鲁式和双螺旋式机械增压器在低转速时可提供更多的动力。离心式机械增压器在叶轮快速旋转时效率较高，从而能在高转速时提供更多的动力。涡轮增压器存在增压延时，因为它需要一段时间，让排出的气体达到一定速度以加快叶轮的转速。

2）机械增压器安装方便

安装一台涡轮增压器需要对排气系统做大幅度的调整，但机械增压器只要装在发动机顶部或旁边就可以了。因此，安装机械增压器更方便，同时也更容易使用和维护。

3）机械增压器停止工作时不需要分门关闭

因为机械增压器不用发动机润滑油进行润滑，便可以正常关闭，而涡轮增压器必须等待30s或预先关闭、以便润滑油冷却。

4）机械增压器油耗较高

由于机械增压系统由曲轴带动，所以必须损耗一部分发动机功率，因此燃油消耗率比使用涡轮增压系统的发动机略高。

**2. 涡轮增压系统的特点**

与机械增压系统相比，涡轮增压系统具有以下特点。

1）结构简单

增压器与发动机只有气体管路连接而无机械传动，因此增压方式结构简单，发动机质量及体积增加很少。

2）节省能源

由于废气涡轮增压回收了部分能量，故增压后发动机经济性也有明显提高，再加上相对减小了机械损失和散热损失，提高了发动机的机械效率和热效率，使发动机涡轮增压后燃油消耗率可降低 5% ~ 10%。

3）对海拔变化有较强的适应能力

在高海拔地区，通常普通发动机的动力会减小，因为在活塞的每个行程中，发动机都只能获得少量的空气。涡轮增压发动机可能同样会减小动力，但减小量会少很多，因为稀薄的空气会更容易被涡轮增压器抽入发动机，所以装有废气涡轮增压的汽车在高原地区具有明显的优势。

涡轮增压的确能够提升发动机的动力，不过它的缺点也有不少，其中最明显的就是踩下加速踏板与汽车动力反应滞后，这是由于叶轮的惯性作用造成节气门突然变化反应迟缓而引起的。从大脚踩下加速踏板加大转速，到叶轮转速提高将更多空气压进发动机获得更大动力之间存在一个时间差，这个时间一般要 2s 左右。如果要突然加速的话，瞬间会有提不上速度的感觉。同时，当放松加速踏板需要降速时，涡轮惯性作用会使增压机的速度一时难以同步下降。此外，还有造价成本高、发动机寿命短、维护费用高等问题。

## 三、增压系统改装的部件

目前发动机增压系统改装大都是将普通自然吸气发动机加装废气涡轮增压系统。加装该系统需准备的部件有：废气涡轮增压器、旁通阀、卸压阀、排气歧管和排气管、进气冷却器、进气管、爆震传感器、涡轮延时熄火器等。

**1. 废气涡轮增压器**

废气涡轮增压器安装在排气歧管旁，如图 6-8-3 所示。选择废气涡轮增压器必须要符合排气歧管和排气管的规格。同时还考虑以下因素。

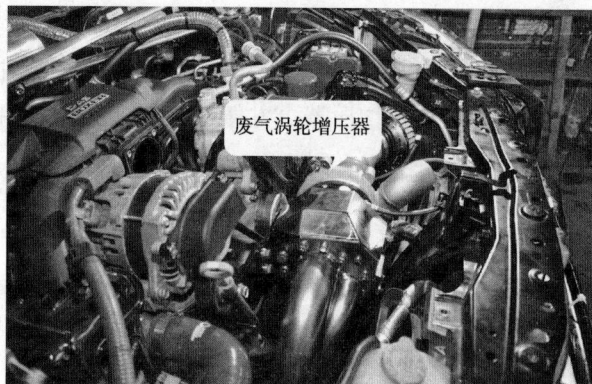

图 6-8-3　废气涡轮增压器安装位置

1）涡轮尺寸

增压器内的涡轮尺寸决定了吹气量的多少。尺寸较小的涡轮，其作用时间早，起速较快，在普通道路行驶或者自动挡车辆都应优先选择此种涡轮。对于升级改装需要选用号数较大的涡轮，大致上有两种情况：

（1）现有的涡轮已经无法在高挡高负荷时维持增压力，也就是说，高转速时涡轮增压表的压力数值，会有下降的现象，表示此涡轮在高转速时所吹出的气量已经满足不了发动机所需的气量，所以压力表的表压才会开始走下坡路。

（2）为了提升更大的功率，需要换用大号的涡轮。但是较大涡轮却容易使发动机在低转速时运转不稳，会出现明显的反应迟滞现象。

2）叶轮形状

由于汽油发动机转速范围宽，空气流量变化大，因此涡轮增压器的压缩叶轮外形是复杂的三元曲面超薄壁叶轮片，一般有 12 ~ 30 片，采用铝合金用特殊铸造法制作，呈放射线状曲线排列，叶片厚度一般在 0.5mm 以下。叶片形状的优劣直接影响涡轮增压发动机的性能。因为叶轮形状角度越合理、质量越轻，叶轮的起动就越灵敏，涡轮增压器的缺陷"反应滞后"也就越小。

**2. 旁通阀**

带有旁通阀的涡轮机只是在涡轮进口处多了一个废气旁通阀及执行器，用以控制增压压力。当增压压力达到一定程度时，克服弹簧的张力，通过推杆、曲柄使旁通阀开启，部分废气经旁通道直接排出，减少了进入涡轮机的废气量，使增压压力下降。

**3. 卸压阀**

在高增压的状态下，节气门开度如果不大，被压缩的空气将无处排泄，在此状态下，必须把压力卸掉,卸压阀的作用就是把多余的废气直接旁通到排气尾管,该装置既可提高响应时间,又保护了涡轮增压器。

### 4. 排气歧管

一般情况下,需要更换升级排气歧管到涡轮壳进气口这段管路,使这段管路的弯曲角度减少,涡轮压力会增加约10kPa。以市面上的套件而言,最好是选择有开模制造的前段,其内壁的平滑度较佳且维修拆装难度比较低,今后的维护也比较简易。

### 5. 进气管

加装废气涡轮增压系统应更换大口径进气管。除了空气滤芯脏污外,进气管管径过小或材质过软,也会造成吸气不顺畅。许多加大原厂涡轮号数或增压值的车辆,在进行涡轮号数或增压值提升的同时,倘若未将进气管路口径一并加大,很容易在高转速或急加速时,因管径的单位时间空气流量低,不能满足增加后的涡轮吸气量,形成吸气不顺的问题。如果此时管径的材质偏软,就有可能发生整个进气管路被吸扁,导致涡轮吸不到气的窘境,如此一来将会使增压器轴心向进气一侧推挤(真空效应),造成油封受损,甚至还会将轴心内的润滑油吸出,造成进气叶片与进气冷却器里都是润滑油的现象,所以在进行高增压和加大涡轮号数的改装时,建议换装大口径的进气管。

### 6. 进气冷却器

涡轮增压器吸进的空气经压缩后温度会增高,空气在流动过程中与进气管壁摩擦还会进一步升温,这样不仅影响充气效率,还容易产生爆震,因此必须设置进气冷却器,以降低进气温度。

进气冷却器又称中间冷却器,简称中冷器,安装在涡轮增压器出口与进气管之间,对进入汽缸的空气进行冷却。它就像散热器,用风或水冷却,空气的热量通过它而逸散到大气中去。性能良好的进气冷却器不但可以使发动机压缩比保持一定比值而不会产生爆震,同时降低了温度也可提高进气压力,进一步提高发动机的有效功率。

### 7. 爆震传感器

除了降低温度来减少爆震的可能外,还要采用爆震传感器,它的作用就是在产生爆震之时,传感器感到不正常的振动波会立即将信息反馈至发动机 ECU 控制系统,将点火定时稍推迟一点,如果不产生爆震再恢复正常点火定时。

### 8. 涡轮延时熄火器

由于使用涡轮增压的发动机,涡轮的工作温度在 600℃ 以上和每分钟上万转的超高转速,因此涡轮增压器的关键是要有可靠的润滑,而这全靠发动机润滑油进行润滑和冷却。如果高速运转后发动机突然熄火,在巨大惯性作用下涡轮不会在短时间内停止,由于发动机已经停止运转,润滑油的循环也停止了,对涡轮增压器的润滑和冷却也会中止,其结果是对涡轮增压器本身会产生损害。因此,为保护涡轮增压器,需安装一个"涡轮延时熄火器",此时就算拔掉车钥匙,这个装置也能自动让发动机再保持一定时间的急速运转,然后再自行熄火,从而有效地保护涡轮机。

## 四、汽车增压系统改装案例

汽车增压系统改装的操作工艺见表6-8-1。

增压系统改装                                         表 6-8-1

| 步　骤 | 施工照片 | 工艺要求 |
|--------|----------|----------|
| 准备新件 | | 涡轮增压配件的型号应与被改车辆相符 |
| 安装排气歧管 | | 以市面上的套件而言,最好是选择有开模制造的前段,其内壁的平滑度较佳且维修拆装难度比较低,今后的维护也比较简易 |
| 安装涡轮增压器 | | 先将发动机转速传感器信号线和节气门传感器信号线接上,然后将涡轮增压器电源正负极端子对应连接至蓄电池,最后使用支架将涡轮增压器整体固定 |
| 安装进气系统 | | 将原车上的空气滤清器与进气软管拆下,更换蘑菇形空气滤清器和钢质的进行管,然后将其紧固。加装废气涡轮增压系统应更换与之匹配口径的进气管和蘑菇形空气滤清器 |
| 安装冷却系统 | | 进气冷却器安装在涡轮增压器出口与进气管之间,对进入汽缸的空气进行冷却 |
| 安装外挂电脑 | | 要将原车的线路破开,把外挂电脑的线连接进去,这样外挂电脑就会发出信号来欺骗原车电脑,修改喷油量和节气门开度、进气量还有曲轴传感器的数据 |

续上表

| 步　骤 | 施工照片 | 工艺要求 |
|---|---|---|
| 电脑编程 | | 电脑编程后清除故障码 |

## 五、汽车增压系统改装注意事项

### 1. 总述

(1)谨防杂物及碎屑片进入涡轮增压器中。在安装涡轮增压器时,必须确保在空气滤清器、进气管及排气管中无外来物体,因为即使是少的或软的物体也会造成涡轮增压器叶轮的严重损坏。

(2)为安装方便,对新的和替换的涡轮增压器,会故意不拧紧螺栓,可能会有个别螺栓松脱。如果涡轮增压器上的螺栓都是拧紧的,所有的锁紧垫片都是翘边锁紧的,并且压气机壳和涡轮壳的相对位置都是正确的,则进行步骤4,否则进行步骤2。

### 2. 重新调整两端壳体的相对位置

(1)调节压气机壳(铸铝)和涡轮壳(铸铁)的螺栓和/或 V 型箍的螺母,直到两端壳体可以沿中间壳周向转动为止。若把壳体拧得太松,会使叶片碰壳,造成叶轮损坏,拧紧螺栓不得大于一圈半。

(2)临时用两个螺栓把涡轮增压器固定在发动机排气管出口的法兰上。

(3)转动中间壳体,使涡轮增压器的润滑油进出油孔与发动机润滑油管道相接,润滑油出油孔(大孔)必须朝下,孔的中心线偏离垂直方向不得大于 35°。略微拧紧至少两个螺栓或 V 型箍(视不同情况),以把中间壳固定在涡轮壳上。

(4)转动压气机壳体,直到压气机出口对准发动机的进气管或者中冷器的连接管为止,略微拧紧至少两个螺栓或 V 型箍,以把压气机壳固定在中间壳上。

(5)把涡轮增压器从发动机卸下来,拧紧涡轮增压器上所有的螺栓或 V 型箍上所有的螺母。拧紧螺栓时应对角交替进行,以防壳体单边翘起。拧紧 V 型箍上的螺母时应慢慢地转动,所使有的力矩要接近近似值。用软质锤轻轻地敲 V 型箍,以使它完全贴合。

### 3. 锁紧垫片的翘边锁紧

如果壳体是用螺栓固定,而锁紧垫片未翘边锁紧,则把锁紧垫片的边向上翻起靠在螺栓头的平面上。在翻起垫片时要朝着使螺栓拧紧的方向。V 型箍的螺母是自锁的。

### 4. 涡轮增压器的安装和预先润滑

(1)如果是使用密封垫片,则把旧的密封垫片从排气管连接法兰处取下来,检查法兰面的锈蚀情况以及平整度,然后换上新的密封垫片。

(2)检查润滑油管道是否有扭折、阻塞、节流和其他的损坏现象。

（3）把涡轮增压器安装到发动机上,需要时都换用新的垫片和O形圈,但暂不连接压气机进气管和润滑油进油管。按规定的力矩值拧紧连接涡轮增压器与排气管的螺栓和螺母,建议在螺栓和螺母的螺纹上涂以耐高温的润滑剂。

（4）往涡轮增压器的进油孔灌入适量清洁的发动机润滑油,转动压气机叶轮数次,使涡轮增压器的轴承涂满润滑油,再向润滑油进油孔灌入润滑油,并连接发动机润滑油进油管道。

（5）如果压气机叶轮不能用手自由地转动或者有摩擦和刮壳的感觉,要在发动机起动之前查明原因。叶轮摩擦现象的原因之一是压气机壳或涡轮壳没有装平。用管子或软管把空气滤清器的出口和压气机进口连接起来。

（6）检查发动机曲轴箱内的润滑油油位。

（7）如果润滑油滤清器被更换过,则应先向滤清器灌满润滑油。

**5. 起动发动机**

（1）起动发动机前,应确保压力表显示油压已建立起来为止。

（2）起动发动机,在加速前怠速动转 2 ~ 3min。

（3）检查润滑油是否有泄漏。

# 参考文献

[1] 张培林,张启森.汽车改装技术[M].北京:化学工业出版社,2015.

[2] 李昌凤,陈勇.汽车美容装饰[M].北京:机械工业出版社,2014.

[3] 谭续.汽车美容[M].北京:机械工业出版社,2014.

[4] 杨峰,尹力卉.汽车美容与装潢[M].北京:中国铁道出版社,2015.

[5] 谭续.手把手教你学汽车美容[M].北京:机械工业出版社,2014.

[6] 赵俊山,胡克晓.汽车美容[M].北京:人民交通出版社,2017.

[7] 罗华.汽车美容与装饰[M].北京:机械工业出版社,2016.

[8] 林皓琪.汽车美容装潢工[M].北京:中国劳动社会保障出版社,2005.

[9] 程玉光.汽车涂装技术[M].北京:人民交通出版社,2005.

[10] 梁振华.汽车涂装工艺与设备[M].北京:人民邮电出版社,2012.

[11] 陈远吉.汽车美容技师快速入门30天[M].北京:机械工业出版社,2014.

[12] 张培林,张启森.汽车改装技术[M].北京:化学工业出版社,2015.

[13] 邵伟军,邵定文.汽车美容与装潢经营[M].北京:人民交通出版社,2017.

# 人民交通出版社汽车类技工教材部分书目

| 书 号 | 书 名 | 作 者 | 定 价 | 出版时间 | 课件 |
|---|---|---|---|---|---|
| 一、全国交通技工院校汽车运输类专业规划教材（第五轮） | | | | | |
| 978-7-114-10637-8 | 汽车文化 | 杨雪茹 | 35.00 | 2017.06 | 有 |
| 978-7-114-10648-4 | 钳工工艺 | 李永吉 | 17.00 | 2014.08 | 有 |
| 978-7-114-10459-6 | 汽车机械基础 | 刘根平 | 22.00 | 2016.07 | 有 |
| 978-7-114-10458-9 | 汽车发动机结构与拆装 | 程 晟 | 27.00 | 2018.05 | 有 |
| 978-7-114-10456-5 | 汽车底盘结构与拆装 | 王 健 | 39.00 | 2016.12 | 有 |
| 978-7-114-10686-6 | 汽车电器结构与拆装 | 许云珍 | 30.00 | 2017.08 | 有 |
| 978-7-114-10604-0 | 汽车使用与日常维护 | 李春生 | 25.00 | 2016.02 | 有 |
| 978-7-114-10527-2 | 汽车发动机检修 | 王忠良 | 39.00 | 2017.08 | 有 |
| 978-7-114-10573-9 | 汽车变速器与驱动桥检修 | 戴良鸿 | 28.00 | 2016.05 | 有 |
| 978-7-114-10454-1 | 汽车转向、悬架和制动系统检修 | 樊海林 | 24.00 | 2017.08 | 有 |
| 978-7-114-10518-0 | 汽车服务企业管理 | 应建明 | 19.00 | 2016.07 | 有 |
| 978-7-114-10536-4 | 汽车结构与拆装 | 邢春霞 | 40.00 | 2017.08 | 有 |
| 978-7-114-10457-2 | 汽车钣金基础 | 姚秀驰 | 32.00 | 2013.05 | 有 |
| 978-7-114-10444-2 | 汽车车身碰撞估损 | 石 琳 | 23.00 | 2016.07 | 有 |
| 978-7-114-10612-5 | 汽车美容 | 彭本忠 | 20.00 | 2017.08 | 有 |
| 978-7-114-10580-7 | 汽车营销 | 郑超文 | 25.00 | 2018.04 | 有 |
| 978-7-114-10528-9 | 汽车保险与理赔 | 刘冬梅 | 22.00 | 2017.08 | 有 |
| 978-7-114-10999-7 | 汽车电器与空调系统检修 | 潘承炜 | 45.00 | 2017.08 | 有 |
| 978-7-114-11135-8 | 汽车车身涂装 | 曾志安 | 32.00 | 2014.03 | 有 |
| 978-7-114-10881-5 | 汽车营销礼仪 | 吴晓斌 | 30.00 | 2015.08 | 有 |
| 二、全国中等职业技术学校汽车类专业通用教材 | | | | | |
| 978-7-114-13417-3 | 汽车发动机构造与维修（第二版） | 吕秋霞 | 43.00 | 2016.12 | 有 |
| 978-7-114-13818-8 | 汽车发动机构造与维修习题集及习题集解（第二版） | 吕秋霞 | 15.00 | 2017.06 | |
| 978-7-114-13016-8 | 汽车底盘构造与维修（第二版） | 徐华东 | 32.00 | 2016.07 | 有 |
| 978-7-114-13479-1 | 汽车底盘构造与维修习题集及习题集解 | 徐华东 | 21.00 | 2016.12 | |
| 978-7-114-13007-6 | 汽车电气设备构造与维修（第二版） | 张茂国 | 42.00 | 2016.07 | 有 |
| 978-7-114-13521-7 | 汽车电气设备构造与维修习题集及习题集解 | 张茂国 | 23.00 | 2016.12 | |
| 978-7-114-13227-8 | 机械识图（第二版） | 冯建平 | 25.00 | 2017.12 | |
| 978-7-114-13350-3 | 机械识图习题集及习题集解（第二版） | 冯建平 | 25.00 | 2017.08 | |
| 978-7-114-12997-1 | 电工与电子技术基础（第二版） | 窦敬仁 | 34.00 | 2016.07 | 有 |
| 978-7-114-12891-2 | 汽车专业英语（第二版） | 王 蕾 | 15.00 | 2016.05 | 有 |
| 978-7-114-13014-4 | 汽车故障诊断与检测技术（第二版） | 王 囯 | 36.00 | 2016.07 | 有 |
| 978-7-114-13169-1 | 汽车维修基础（第二版） | 毛兴中 | 24.00 | 2018.05 | 有 |
| 978-7-114-13136-3 | 汽车运用基础（第二版） | 冯宝山 | 29.00 | 2016.07 | 有 |
| 978-7-114-13200-1 | 汽车电路识图（第二版） | 田小农 | 21.00 | 2016.09 | 有 |
| 978-7-114-13162-2 | 钳工与焊接工艺（第二版） | 宋庆阳 | 22.00 | 2016.08 | 有 |
| 978-7-114-13296-4 | 汽车维修企业管理（第二版） | 杨建良 | 19.00 | 2016.09 | 有 |
| 978-7-114-13738-9 | 发动机与汽车理论（第二版） | 徐华东 | 16.00 | 2017.06 | 有 |
| 978-7-114-13801-0 | 公差配合与技术测量（第二版） | 刘 涛 | 21.00 | 2017.07 | 有 |
| 978-7-114-11750-3 | 汽车安全驾驶技术（第二版） | 范 立 | 39.00 | 2017.04 | 有 |
| 978-7-114-13858-4 | 汽车维修标准与规范（第二版） | 杨承明 | 28.00 | 2017.08 | 有 |
| 978-7-114-13998-7 | 专业技术论文与科研报告撰写（第二版） | 裴玉平 | 20.00 | 2017.09 | 有 |
| 978-7-114-13991-8 | 汽车单片机及车载网络系统（第二版） | 林为群 | 39.00 | 2017.09 | 有 |
| 978-7-114-14693-0 | 汽车美容与装饰 | 林旭翔 | 25.00 | 2018.07 | 有 |

咨询电话：010-85285962、85285977。咨询QQ：616507284、99735898。